Twice Exceptional ：2E

得意なこと苦手なことが極端なきみへ

高山恵子 著
NPO法人えじそんくらぶ代表

発達障害・その才能の
見つけ方、活かし方

合同出版

実力を出し切れないあなたへ

　私は今、この原稿を音声入力ソフトを活用して書いています。ディスレクシア（読み書き障害）とADHD（注意欠如・多動症）、手先が不器用なDCD（発達性協調運動障害）があって、集中力が続かず、漢字を思い出すのに時間がかかり、タイピング力もないためです。手書きやタイピングだと、頭の中にあった大切なメッセージが消えてしまうのです。ですからこの音声入力ソフトがないと、文章が書けません。でも、このようなICT機器を使うことで、本を執筆することができるのです。

　この本を今、手に取っているあなたはどんな方でしょうか？　勉強面白くないなぁー、学校行きたくないなぁーと思っている方でしょうか。または、我が子はなぜか実力を出し切れていないなあと思っていたり、また支援者として、こんなに頑張っているのになぜ子ども達の能力を引き出せないのかと悩んでいらっしゃる方かもしれません。成人の方で、私のようにこの本を10代のときに読みたかったと思っている方かもしれません。

　この本は主に2E＝2つの特別なニーズ（一つは発達障害、一つはギフテッド[*]〈才能〉）を持っている人たち、そして特にまだ才能を見つけていない人たちのために書きました。

　日本の学校では、少しでも普通と違うといじめの対象になることがあります。それは「できない」ことだけでなく、「できすぎる」ことに対しても同様

で、普通に見えるように、わざと「できない」ように振る舞ったりする場合も残念ながらあります。また、能力が高いにもかかわらず自分は他の子とどこか違うと感じている子ほど、セルフエスティームが低いという研究報告もあります。能力が高くても、障害がある場合は、大人の適切な支援と指導が不可欠です。

　診断名がついていなかったり、完全な２Ｅでなくても、生活面や学習面で得意なことと不得意なことがあり、ギャップがある人たちにもこの本を活用してもらいたいです。

　実力を出し切れない子どもたちの多くは、今の学校に合わない子どもたちかもしれません。それは子どもたちに問題があるのでしょうか？　先生たちが問題なのでしょうか？　それとも親が問題なのでしょうか？

　私は、誰かに原因があるのではなく、みんなそれぞれの立場で頑張っているのに、やり方や相性が悪く、お互いにストレスを与えているのではないかと思っています。

　ここでいう「相性が悪い」とは、いいと思うこと、常識だ、当然と思うことがそれぞれ違っていて、合わないことです。ですから、同じ親から生まれた兄弟姉妹でも親との相性はあるし、学校の先生とも相性が合わない場合もあるのです。

　もともとみんな違った性質、能力を持っています。人間というくくりでは同じかもしれませんが、個人差は大きいのです。最近「多様性が大切」という言葉をよく聞くようになりました。私は障害も才能も、多様性の一つだと考えています。

　私がＡＤＨＤとわかって良かったと思えたのは、「不注意、衝動性、大切な

4

ことを忘れる、集中できない、すべてダメ人間だと思ってきた自分の特性が、ドーパミンという脳内物質が人より少ないだけだ」と知ったことです。

この本を読むと、なぜあのときうまくいかなかったのか、そして今、こんなに頑張っているのになぜうまくいかないのか、自信が持てないのか、きっと謎が少し解けると思います。

自分がなぜあんなに努力していたのに、うまくいかなくて自暴自棄になっていたのか、理由がわかったのは30代になってからでした。だから、多くの方に早く知ってもらいたいと思って、この本を書きました。

この本は、最初から順に読んでもいいですし、気になるキーワードがあるところだけ読んでもいいです。脳内物質のキャラクターのところだけみても面白いと思います。本の読み方だって多様性があっていいのです。

あなたもこの本で、うまくいくやり方を探すきっかけをつかんでください。

「SOSを出すことが難しい」「自分のことを説明できない」という人もいるかもしれません。自分が辛いと思っていることや苦しいと思っていることと同じことがこの本に書かれていたら、そのページをまずは身近な人に見せ、「僕（私）はこれと同じ」と言って相談のきっかけを作ってみましょう。

あなたにしかわからない辛さがあります。それを人に伝えてもいいのです。そのようにこの本を活用してもらえたらとてもうれしく思います。

高山恵子

＊訳語について
ギフテッドなど、日本語でぴったり当てはまる概念や用語がなく、日本語にするとニュアンスが変わってくるものがあります。説明文で言葉の正確さを補いましたが、ギフテッド（才能）は訳さず、カタカナ表記にしています。

もくじ

1　２Eとは?

　ディズニーランドを作ったウォルト・ディズニーは学校での成績はいつもビリに近く、落ち着きがなく、授業は理解できず、読み書きが苦手でした。これらの特徴はＡＤＨＤとＬＤの特性に当てはまります。しかし、あるときマンガを描いたら非常に上手で、人々にほめられ、近所の人が作品を買ってくれて、「好きなことをして仕事になる」感動をかなり早い時期に得ることができたそうです。

　このように高い才能とともに障害を持っている場合、一般の枠に入らない特性を２つ持っていて、特別なニーズがあるという意味で２E（twice-exceptional：二重に特別な）という言葉を使ったりします。日本ではまだ厳密な定義はありませんが、この本では主に、２Eとは①何らかの才能を持ち、かつ②何らかの発達障害を併せ持つ（その可能性も含む）こととします。

● ２E（基本の定義）●

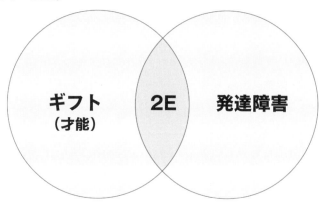

あなたが「学校が楽しくない」と思っていたら、もしかしたら隠れた２Ｅで、同じ方法で同じ内容を学ぶ日本の教育が合わないのかもしれません。特別な才能があるようには思えないし、発達障害の特性はいくつかある感じがするけれど、診断名がつくほど日常生活で支障があるわけではないなど、定義にきっちり当てはまっていなかったとしても、この本は参考になると思います。

　人から「できることとできないことの差がすごく大きいね」などと言われ、アンバランスを感じている人は、13ページのギフテッドの６分野のチェックリストと19、20ページのギフテッド／アスペルガー・ＡＤＨＤの判別チェックリストをチェックしてみてください。親や先生と一緒にやってみるのもいいでしょう。

コラム

　アメリカでは基本的に２Ｅ児とは、ＧＴＬＤ（Gifted and Talented students with LD）で、才能とＬＤ（学習障害）を持つ子と限定することが多いですが、知的障害のないＡＤＨＤ、ＡＳＤや行動・情緒障害を併せ持ち、２つの特別なニーズがある子どもたちを指す場合もあります。

　これらの障害と才能の両方があるとわかった２Ｅの子どもたちは、障害プログラムと才能プログラムの両方、もしくは２Ｅプログラムに参加できます。つまりアメリカでは、一般の教育に合わないものを２つ持っている場合、それに合わせたプログラムを提供することが教育の平等と考えられているのです。日本では、どんな子どもたちにも同じ量と同じレベルの課題を出すことが平等と考えられている傾向がありますので、教育の平等の考え方が随分違うことがわかるでしょう。

2 ギフテッドとは?

　障害者も天才も「普通・常識」の枠から、はみ出ています。はみ出ている部分が、家庭生活、学校生活、(日本)社会に対してどう働くかによって、マイナスに働くと障害、プラスに働くと才能になります。

　何でもそこそこできることがバランスが良く、「普通に見える」と思われるかもしれませんが、それも価値観の一つでしかありません。研究者や芸術家、クリエーターなど、秀でた活動をしている人たちを見てみてください。普通の基準からするとバランスが悪いと思われそうな人かもしれませんが、他の人にはないユニークな部分をプラスに活かしている人たちといえるでしょう。

　実はこのマイナスの評価とプラスの評価も絶対的ではなく、流動的です。常識と呼ばれるものも時代によって変化するということは、歴史を学べばわかると思います。

　あなた自身がダメだと思っている特性や、周囲の人からいつもダメだと言われていることであっても、ダメでないかもしれないということをまず知ってください。その上で、この本で自分の特性を観察してみましょう。

　ギフテッドとは天から与えられたギフト、日本では「生まれつき与えられた才能を持った人」という意味で使われています。アメリカでは1978年に才能児を次のように定義し、才能教育を提供しています。

　「才能児(Gifted And Talented Children)は、知能・創造性・特定の学問・リーダーシップ・芸術の領域で優れた遂行能力がすでにある、もしくは、その可能性があり、ふつう学校で提供されないサービス・活動を必要とする」

このように、高い能力（通常上位10％以内）に合った教育が必要だと法律で決められました。ＷＩＳＣと呼ばれる５歳から16歳11カ月までの子どもの知能検査では、ＩＱ100が平均、120以上で上位約10％、130以上で上位２％です。13ページにアメリカのギフテッドのチェックリストがありますので、つけてみてください。ギフテッドの多くは、宿題や授業が簡単すぎてつまらないと感じています。特に反復学習に重点を置かれるとやる気スイッチはＯＦＦになりやすいです。

3 ギフテッドの6分野

　13ページの表は、全米ギフテッド＆タレンティッド・ソサエティが作成した「ギフテッド」の6分野のチェックリストです。

　①知性②創造性③芸術性④リーダーシップ⑤特定の学問⑥運動能力の6分野（44項目）でチェックするようになっています。

　日本で天才というと、①知性③芸術性⑤特定の学問⑥運動能力で優れているというイメージですよね。ところがアメリカでは、②創造性と④リーダーシップという項目も入っています。この2つの分野も能力が高ければギフテッド、天才ということなのです。この発想は、なかなか日本の教育ではありませんね。

　もちろんこれだけで決まるわけではありませんが、これらの6つの分野でどれか1種類でも同年齢の子と比べ能力が高い（上位10%以内）ということが何らかの形で証明されると、ギフテッドチルドレン（才能児）ということになります。

　現在はまだ、日本の文部科学省ではギフテッドの定義は明確ではなく、一般的な公立の学校ではギフテッドのためのプログラムは通常用意されていません。誰か見つけて、それを伸ばしてくれる人に出会わないと、ギフトであるということもわからずに一生を送る人もいるかもしれません。それはとても残念なことだと思います。まずはこのチェックリストをつけてみて、自分の中の才能の種を探してみましょう。

● ギフテッドの6分野のチェックリスト ●

① 知性
- 抽象的概念を理解する
- 複雑な方法で情報を処理する
- 観察力が鋭い
- 新しいアイデアに興奮する
- 仮説をたてるのを楽しむ
- 学ぶのが早い
- 何でも知りたがる
- 物事を自発的に始められる

② 創造性
- 一人で物事を考えられる
- 口語及び文章で、独自の意見を披露できる
- 与えられた課題に対して複数の解決策を打ち出す
- ユーモアのセンスがある
- ものを作り、発明する
- クリエイティブな課題に対して興奮する
- 即興で問題に対処できる
- 他者と違うことを気にしない

③ 芸術性
- 空間把握能力に非常に長ける
- ダンス、演劇、音楽などで自己を表現する能力が非常に高い
- バランスのとれた感覚
- クリエイティブな表現力
- 独自の作品を作ることにこだわる
- 優れた観察力

④ リーダーシップ
- 責任を理解する
- 自分と他人に対して厳しい
- 流暢で明確な自己表現能力
- 物事の選択に対しての結果や意味合いを予知する
- 決断力がある
- 語彙が豊富
- 組織、チームが好き
- 仲間に好かれる
- 自分に自信がある
- 整理整頓能力がある

⑤ 特定の学問
- 優れた記憶力
- 発達した理解力
- 基礎的な知識を素早く習得する
- 特定の興味のある分野に関しての幅広い読書
- 特定の興味のある分野での優れた学業の功績
- 情熱と根気を持ち、特定分野で邁進する

⑥ 運動能力
- 難しいアスレチックな技などに興奮する
- 運動における正確性、緻密性がある
- 様々な体育の活動を楽しむ
- 優れた運動神経
- 優れた操作能力
- 高いエネルギーレベル

＊全米ギフテッド&タレンティッド・ソサエティの分類による。

4 発達障害の主な3つのタイプ

　発達障害は、主に以下の3つのタイプに分けられます。それぞれの特徴を
見てみましょう。

ＡＤＨＤタイプ

- 忘れ物が多い
- 書類などの管理が苦手
- 提出日を忘れてしまう
- 長い説明は最後までしっかり聞けない
- 単調な作業ができない、じっとしていられない
- にこやかで返事はいいが、話の内容を覚えてないことが多い
- 段取りが悪く、時間通りに何かを完成させられない
- 長い指示は最後しか記憶できない
- 多弁、多動、雑
- 悪気はないが、間違えて何かを持ってきてしまう
- やるべきことを忘れてしまう

柔軟性が高くアイディアは豊富だが、実行できない

ASDタイプ

- 言葉以外のメッセージの理解が苦手（冗談、皮肉等）
- 相手の気持ちを察することが苦手
- 集団行動が苦手（一人が好き）
- こだわりがある
- 自分の好きなことを一方的に話す
- 学者のような話し方をする
- 自分の思い通りにならないと急に怒り出す
- 漢字、数字、記号、データなど単純記憶が得意
- マンガやゲームの世界に入り込み、実生活と区別がつかない
- 感覚過敏や鈍麻がある
- 状況の急な変化に弱い
- 臨機応変な行動が苦手

勉強はできるが、対人関係のトラブルが多い

LDタイプ

- 漢字や英単語が読めない
- 飛ばし読み（単語、行）をする
- 文字や書類が正確に書けない
- ノートを取るのに時間がかかる（書き間違いが多い）
- 似た音を聞き間違える
- 口頭での指示を聞き間違える
- 英語のｂとｄ、ｍとｎや日本語のあ・お、い・り、ぬ・めなど似た形の文字を間違える
- 左右がわからない
- 地図がわからない（よく迷子になる）
- 数の概念がわからない

↓

プレゼンは得意、レポートが苦手、情報を正確に受け取るのが苦手

発達障害の診断名は特性の強さ、例えばこだわりや衝動性の強さだけでつくのではありません。どんなに発達障害の特性がたくさんあって、それが強くても、日常生活で困らなければ診断名はつきません。

　例えば、学習障害や知的障害があったとしても、「字がわからないので教えてください」と、自己否定することなく自然にお願いができ、周りに「そんなこともわからないの？」と軽蔑したり、人格を否定することなく教えてくれる人がいれば、何の問題もないのです。ＳＯＳを求めることができて、助けてくれる人がいたら、日常での支障は減り、障害と診断される人は随分と少なくなります。

5 ギフテッドと発達障害

　19、20ページの表は、学校・家庭でのギフテッド児の誤診予防と適切な理解・支援のために作成されたものです。表のように、記憶と注意、話し方とことば、社会性と情緒、行動、運動スキルの5つの分野（34項目）で、ギフテッドとアスペルガー症候群の判別のチェックリストになっています。アセスメント用のものではなく、あくまでも学校・家庭で予備的に使うチェックリストと考えてください。

　2Eは、あくまでもギフテッドと発達障害の両方を持っているグループの人たちのこと（この本ではもっと幅広く捉えて、得意なことと苦手なことに大きなギャップがある場合も含みます）ですが、ギフテッドだけという人ももちろんいます。

　よく見ると、ギフテッドと発達障害の特徴は大変よく似ています。もしかしたら、発達障害だと思っていたけれど、ギフテッドの場合もあるかもしれません。その場合は薬物治療が効かなかったり、副作用が強く出たりすることもあるので、大人に相談してみましょう。可能なら、心理士やドクターに自分から話してみましょう。難しい場合は親に説明してもらいましょう。

◉ 日本語版ギフティッド－アスペルガー症候群チェックリスト ◉

	ギフティッドかもしれない		アスペルガー症候群かもしれない
記憶と注意			
1	ずば抜けた記憶力があり、様々なトピックスに関する事実や情報を記憶している。	1	ずば抜けた記憶力があり、特定の関心事の特定のテーマに関する事実や非常に細かな情報を記憶している。
2	通常、人の名前と顔を正確に思い出す。	2	人の名前や顔を思い出すことが苦手。
3	機械的な暗記課題はできるが嫌い。	3	細かなことがら、事実、数字について考えたり憶えたりすることが好き。
4	興味のある様々なものに対して強烈な集中力を見せる。	4	興味のあるひとつのものに対して強烈な集中力を見せる。
5	集中している際に気を散らされると、注意を向け直すように促されようが促されまいが、素早くもとの課題に注意を戻すことができる。	5	自分のなかの思いや考えによって注意がそがれると、なかなかもとの課題に注意を戻せないことがある。
話し方とことば			
1	語彙が非常に豊富で年齢よりも進んでいる。	1	高度なことばを用いるが、用いていることばすべてを理解しているわけではない。
2	抽象的な考えについての見解をめぐり、人とやりとりできる。	2	具体的で字義通りの意味で考えたりやりとりしたりし、抽象性があまりない。
3	豊かで相手の興味を引くような言語表現や話し方をする。	3	相手が興味をもてないような言語表現や話し方をする。
4	人の興味を惹きつける。	4	話し方や内容に相互性がなく、人の興味を惹きつけられない。
5	難しいが考えがいのある質問をする。	5	質問と報告を繰り返す。
6	ませた表現豊かなことばを用いたり話し方をしたりする。	6	いわゆる学者のイメージを彷彿とさせるような、途切れることのない話し方をする。
7	求められようが求められまいが、詳しく念入りに伝える。	7	途切れなく話が進むが、念入りな感じがほとんどあるいはまったくない。
8	教養のある双方向のユーモア、皮肉、嫌味を理解したり言ったりする。	8	双方向のやりとりの伴うジョークを誤解する。
9	会話の因果関係やギブ・アンド・テイクの関係を理解している。	9	会話でのギブ・アンド・テイクの関係をなかなか理解できない。
10	苦痛をことばで伝える。	10	ことばよりはむしろ行動で苦痛を伝える。
社会性と情緒			
1	誰が友だちかがわかり、友だちの名前をあげることができる。サークルなど集団で中心的な地位にいることが好き。	1	どのようにして友だちをつくり、その関係を維持していったらよいのかが理解する非常に困難を見せる。
2	社会規範を承知している。	2	身なりや振舞いなどの社会規範に無頓着でいる。
3	自分が仲間とは違っているということを鋭く感じ取る。	3	自分が仲間とは違っているという認識があまりない。
4	楽しんでいること、取り組んでいること、興味関心、やり遂げたことを積極的に人と分かち合おうとする。	4	楽しんでいること、取り組んでいること、興味関心、やり遂げたことを人と分かち合うことに、ほとんどあるいはまったく関心がない。
5	人との会話がはずむ。	5	人と会話を始めたり、はずんだ会話を続けたりすることに大きな困難を見せる。
6	他者の視点がわかり、他者の観点に立ったり、それを理解したりできる。	6	他者も当然自分と同じ視点をもっているものとみなす。
7	人とのやりとりのうえで、暗黙のルールに従う。	7	社会的慣習やその背後にある理由に気づいていない。
8	人とかかわるうえで、鋭い社会的洞察力と直観力を見せる。	8	社会的洞察力に欠けている。
9	たいていの場合、適切に感情を表す。	9	不適切な、あるいは幼い感情表現のしかたをしたり、起伏がなく抑えられた感情表出をしたりする。
10	他者の感情がわかり、他者の気持ちをすぐに汲み取る。	10	認識できる他者の感情が限定されている。
11	場の状況を読み取り、場の空気に応じられる。	11	場の状況を読み違え、場の空気に応じられないことがある（どのように応じたらよいのかわからないときもある。）
12	他者に共感を示し、困っている友だちを慰める。	12	多くの場合、困っている人への共感や気遣いを示さない。
行動			
1	変化に対して抵抗するが、それは暴力や乱暴な行為を伴わない。そして、たいていはその変化に従う。	1	変化に対して、強力に、あるいは身体をはって抵抗し、頑なである。
2	ルールや体制に疑問を投じる。	2	ルールに厳格に忠実であり、構造化された状態を必要とする。
3	常同行動（例：手や指をパタパタさせる、くねくねする、複雑な身体の動き）がない。	3	常同行動（e.g., 手や指をパタパタさせる、くねくねする、複雑な身体の動き）がある。
4	問題が生じたときは、通常、本人がそのことに悩む。	4	問題が生じたとき、教師や親が悩む。本人は、直接個人的影響を受けない限りはその問題状況に気づかないことがある。
運動スキル			
1	協調運動能力が十分発達している。	1	協調運動能力の発達が遅れている（例；極端に不器用な動き）。
2	チーム・スポーツが好き。	2	チーム・スポーツをやりたがらない。
3	日常生活のスキル（食事、服の着脱、トイレ、衛生）の発達が年齢相応に見られる。	3	日常生活スキルの発達が遅れている。

出典：角谷詩織（2020）学校・家庭でのギフティッド児の誤診予防と適切な理解・支援のために『上越教育大学研究紀要』39

● 日本語版ギフティッド‐ADD/ADHDチェックリスト ●

ギフティッドかもしれない		ADD/ADHD かもしれない	
1	知的能力の高い仲間とかかわることで不適切な行動が減る。	1	知的能力の高い仲間とかかわっても、行動に改善が見られない。
2	その子に適した学力レベルの集団に入ることで不適切な行動が減る。	2	その子に適した学力レベルの集団においても行動に改善が見られない。
3	カリキュラムを工夫することで不適切な行動が減る。	3	カリキュラムを工夫しても行動に改善が見られない。
4	自身の不適切な行動の理由を、（子どもなりに）論理的に筋を通して説明する。	4	自身の不適切な行動について、その理由を説明できない。
5	その子が動き回っているとき、その子自身がそれを楽しんでおり、自分で自分がコントロールできないという感覚にはない。	5	自分で自分がコントロールできないと感じている。
6	適切なソーシャルスキルを学ぶことで、「衝動性」や不適切な行動が減る。	6	適切なソーシャルスキルを学んでも、「衝動性」や不適切な行動は減らない。
7	なぜ課題や活動を途中でやめてしまうのか、（子どもなりに）論理的に筋を通して説明できる。	7	なぜ課題や活動を途中でやめてしまうのかの理由を説明できない。
8	興味・関心のあるテーマや活動の際には、不適切な行動がほとんどなくなる。	8	その活動に興味があろうがなかろうが、その子の行動は変わらない。
9	テーマや活動が、その子自身にかかわるものや意味のあるもののように感じると、不適切な行動が減る。	9	テーマや活動が、その子自身にかかわるものや意味のあるものに感じても、不適切な行動は減らない。
10	話に割り込んだり余計な話をする行為は、自分が知っていることを共有したい、自分はわかっているということを伝えたい、すぐにその問題を解決したいという思いから生じる。	10	話に割り込んだり余計な話をする行為は、その子の学びたいとか知っていることを共有したいという思いから生じるものではない。
11	注意散漫に見えていても、何を指示されたか問うと答えることができる。	11	注意散漫に見える際に、何を指示されたか問うと答えることができない。
12	複数の課題を同時並行で嬉々としてこなしていく。より多くを成し遂げ、より多くを学びたがる。	12	特に明確な理由なく、課題から課題へとうつろう。
13	不適切な行動はどんなときにも見られるわけではない。状況によって見られたり見られなかったりする。	13	不適切な行動は、状況に関係なくほぼ常に見られる。
14	不適切な行動はどんなときにも見られるわけではない。教師や指導スタイルによって見られたり見られなかったりする。	14	不適切な行動は、教師や指導スタイルに関係なくほぼ常に見られる。
15	教師の注意を引こうとして不適切に振舞う。	15	誰かの注意を引こうが引くまいが、不適切に振舞う。

出典：角谷詩織（2020）学校・家庭でのギフティッド児の誤診予防と適切な理解・支援のために『上越教育大学研究紀要』39

6 ２Ｅに気づかない３つのわけ

　アメリカの公立学校で障害児教育、才能教育に携わってきたスーザン・バウム博士は、教育の個性化や才能児の障害・情緒的問題・学業不振などについて多くの研究をしています。そして博士は、先生や親が２Ｅに気づかない３つのパターンを紹介しています。あなたももしかしたらどれかに当てはまるかもしれません。

①障害ばかりに目が向いて才能があることに気がつかなかったケース

　例えば集団に入れない、授業に集中できないなどの特徴は、ＡＳＤ的な特徴ですが、実は教室で多くの友だちと一緒に勉強することをうるさいと感じているのかもしれません。そうであれば、非常に優れた聴覚の能力を持っている可能性があります。この場合、静かな環境だったり、耳栓をしたりすれば問題なく勉強できることもあるでしょう。

　文字や漢字が書けない場合でも、想像力が豊かで物語や文章を作ったりするのが得意な子どもがいます。文字を書くことと話を作ることは別の能力なので、きちんと分けて支援をする必要があります。書くのではなく、物語を話すのでもＯＫとすることで、その才能を伸ばせるかもしれません。

　あの相対性理論で有名な物理の天才と言われているアインシュタインは６歳のとき暗記がほとんどできず、なかなか他の子たちとなじめず、スポーツにもまったく関心を示さなかったため、小学校の担任の先生は知的障害を疑ったくらいだったそうです。小さい頃から数学の概念はよくわかっていた

けれども、簡単な計算ができず、その結果、算数の成績は悪かったようです。ただし、興味のあることへの集中力は人一倍だったと言われています。つまり、数の概念や物理学的な内容を理解することと、計算の能力は別ものなのです。

　このように、できないことが目立つとそちらに注目しがちですが、その背後に才能が隠れている可能性があります。特別支援学級等で少人数でのサポートを受け、勉強に注力できる環境が整うと、急に学力が上がる人もいます。最近では、適切な特別支援教育を受けた後、進学校である有名私立高校や国立大学に入学する場合もあります。

②才能がカバーして障害があることに気がつかなかったケース

　先に才能がクローズアップされ、後から障害が見つかる場合もあります。学校に入る前から本を読むのが好きだったり、国旗や電車の種類を暗記するのが得意だったり、計算が得意だったりする子がいます。

　ところが、基本的な生活習慣（顔を洗う、歯を磨く、服を着替えるなど）がなかなか一人でできないことがあります。小さい頃は親が手伝ってくれて何とかできるのですが、中学生になっても自分ではできない場合があります。保護者は、この子は学力が優れているので大丈夫だと思っていました。このように学力の高さに目を奪われて、基本的な身の回りのことができないという課題をそのままにしておいたことで、後で自立するときに困ったりすることがあります。

　教科の中でアンバランスがある場合もあります。国語や社会は得意だけれど、算数や理科が苦手、またその逆で、算数や理科は得意だけれど、漢字が書けない、読むのが遅いという人もいるかもしれません。

　小学校低学年のときは全体的に内容が難しくないので、苦手でも時間をかけて何とか頑張れても、学年が上がるにつれて苦手な科目がどうしてもできなくなってきたりします。そのときに、学習障害などがあるということに気づいてもらえないと、「算数ができるのに漢字を覚えられないのは怠けているからだ」などと勘違いされることがあります。これも算数の才能に、漢字が覚えられないという学習障害が隠れているケースです。

③才能と障害があるのに打ち消し合ってその両方に気がつかないケース

　①と②がバランスよく起こると、平均的に見えて才能も障害もないように見えるときがあります。何か苦手なことがあったとしても得意なことでそれをカバーし、普通に見えることがあります。特に低学年のときは学校の勉強

などもそんなに難しくないので、苦手なことを得意なことでカバーすることであまり日常生活で困らなかったりします。

　しかし、学年が上がるに従って勉強が難しくなったり、対人関係が複雑になったり、やることが多くなったりして、すごく頑張って普通を目指して努力してきたけれども疲れ果ててしまい、バランスを崩してから発達障害があったとわかったりすることがあります。

　一方、小学校のときには一般的なことを学ぶので才能が見つからないことがありますが、中学校になるとその分野の専門の先生が指導することにより、その分野の才能を見出してもらえる可能性がより高くなります。部活なども練習メニューが充実して時間も長くなるのでスポーツの才能を見出される人も増えます。理解のある先生に出会えれば、自分の得意分野でより専門的なアドバイスをもらえるかもしれません。

1　得意なことを見つけよう

　自分の能力を開花するためにまず目指したいのは、自分の隠れた才能に気づくことです。隠れた才能というのは、あまり努力しなくて、ストレスもためずに、簡単にできることです。自分でそれを見つけるのは、意外と難しいことです。得意なことはストレスもたまらず簡単にできてしまうので、できて当たり前、誰でもできると思ってしまい、それが得意なことだと気づかないからです。

　得意だと気づくためのヒントを４つあげてみます。

①人に見つけてもらう

　自分はダメだなあという思いが強いと、なかなか自分で得意なことを見つけるのは難しいですが、それを見つける絶好の機会が、ちょっとしたことを人からほめられたときです。プラスの評価をもらったときは、まずは一度素直に受け取ってみましょう。あなたにとっては簡単にできることでも、別の誰かにとっては苦手なことかもしれません。ほめられたとき、まずはそう思ってくれる人がいるんだと受け止めることが、自分に自信を持つスタートになります。

　あなたはもうすでに、誰かから「〇〇が得意だね」と言われたことがあるのではないでしょうか？　でも、他に苦手なことがあったりするとそのことばかりが印象に残り、ほめてもらったことをついスルーしてしまったり、そんなこと言われても自分が評価されたいのは他のことだから、うれしくないなと思ったかもしれません。

例えば「イラストが上手ね」とか、「説明するのがうまいね」とか、「ネット小説読んだけど感動しちゃった」などと言われたときに、「自分なんて……」と謙遜しすぎずに、そうなんだ、すごいと思ってくれる人がいるんだと受け止めてみてください。

　次に、自分の得意なことを苦手な人の代わりにやってあげることを意識してみてください。イラストが上手ならば、絵を描くときに困っている人にこんなのどう？　と見本を描いてみてあげるとか。すると、すごいね、助かるよと感謝してもらう機会があるでしょう。

　感謝されるとうれしいなあと思ったらグッド！　またもう一回やろうという気持ちになると思います。この感謝されてうれしいと思い、さらに繰り返してやろうとするサイクルに入ると、その能力を使う回数が増え、さらにその能力が高まっていき、それが才能になる確率が高くなるのです。

　もちろん人間以外の植物や動物、自然環境も含めて、自分以外の生き物のために能力を使ってみるのもＯＫです。植木に毎日水をあげるだけでも、自

分は役に立っていると思えてちょっとハッピーな気分になれます。凹んでいるときにはおすすめです。

②学習方法を変えてみる

「学習スタイル」はいくつもあります。本や説明書を読む方がスムーズに学べる人もいれば、人の説明や録音した音声を聞いた方が理解が進む人もいます。つまり、得意な情報処理パターンは人によって違いがあり、効果的な学習スタイルがいろいろあるのです。

でも、学校では一つの方法でしか教えていないかもしれません。その方法があなたに合わないと、無理にやっても続きませんし、結果が出にくいのでつまらなくなってしまうかもしれません。

勉強がうまくいかなかった人も、自分に合った学習スタイルを見つけたり、教え方を自分の学習スタイルに合わせて変えてもらったりすると、急に成績が伸びる場合があります。

例えば、テスト問題を人に読んでもらうと、自分で読むより良い点が取れるようになったりします。読書が苦手な人も、音声教材を使うと本が好きだったことに気づくことがあります。字を書くことが苦手でも、音声入力ソフトを使うと作文を書けたりします。

今はいろいろな教育ソフトもあるので、活用するために先生や親と相談してみましょう。アメリカのある有名大学の入学試験で、テスト問題を読んでもらい、合格した人もいます。

これは、もしあなたに発達障害などの診断がある場合は「特別扱い」ではなく「合理的配慮」と呼ばれる理にかなった配慮なのです。主治医や心理の

先生と相談して、必要な支援を学校にお願いすることができるようになりました。可能かどうか、まずは相談をしてみましょう。

　また、学習スタイルをチェックするアプリを作りましたので、29ページを見て試してみてください。

　　③だめな性格はないと考えてみる

　疲れやすく、集中力が続かないというのが私の欠点ですが、いいこともあるなと思うようになりました。例えば、小さい頃から宿題や苦手なお手伝いをどうやったら速くできるかなと考えていました。そうしたら、効率的に短時間で無駄を省いた作業で最大の結果を得る方法を考えることが得意になったのです。

　他にも、衝動性は良いことに使えば実行力であり、行動力です。多弁もスピーチ力があることですし、多動もエネルギッシュに動けるということです。こだわりだって一つのことに打ち込めるという素晴らしい能力でもあるのです。あなたも劣等感を抱いていることがあるかもしれません。小さい頃から親や先生にダメだ、ダメだと言われれば自信を無くすし、プラスになんて考えられない状態になるでしょう。でも、だめな性格は何一つありません。

　不安が強くて、悪いことばかり考えてしまうという人もいるかもしれません。長い期間、心配しているだけだとストレスで体に害を与えてしまいますが、もう一歩進めて、うまくいかないことを前提に、最悪の状態を視野に入れて対処や準備をするようにすれば、それは危機管理能力という才能になるのです。

　いろいろなことにコンプレックスを持っているということも、傲慢にならず、人に親切にできる要素になるかもしれませんし、人のことをすごいなあ

アプリで学習スタイルをチェックしてみよう

iPhone で Apple Store から「えでゅけルン学習スタイルチェッカー」をダウンロードすることで、ゲーム感覚であなたの優位感覚をチェックできます（アンドロイド未対応）。

正式な学習スタイルを判定するものではありませんが、まずはトライして周りの人との違いを感じてみてください。15 の質問に答えると、大体の優位感覚の傾向がわかります。

親子でやってみるのもいいでしょう。親が聴覚タイプだと口頭での指示が多くなり、子どもが視覚タイプだと文章化した指示がほしいと思い、お互いに情報がスムーズにやり取りできず、イライラすることがあります。

先生との相性もあります。中学生以上になると、教科によって先生が変わるので、自分に合った教授スタイルの先生だと、ぐんと成績が伸びたり、やる気スイッチが入ったりすることがあります。また、親や先生から「この方法で勉強するといいよ」と提案されたときも、あなた自身でチェックしてみて、自分に合っている方法かどうかを確認することが大切です。学習スタイルが違うと、アドバイスされた方法が合わずに非効率になることもあります。

教え方によって、あまりにも学びに大きな違いが出る場合は、先生に学習スタイルに合った方法で指示を出したり、授業の進め方を考慮してもらえないかお願いしてみましょう。

❶視覚タイプ

☐書面の指示やマニュアルがあるとわかりやすい
☐授業中、ノートやメモを取るのが好きだ
☐文章や図、表など視覚的な情報があると理解しやすい……など

❷聴覚タイプ

☐知らないことをやるとき、口頭での説明がある方がよくわかる
☐音読した方が文章の内容を理解しやすい
☐人から説明を聞くと、パソコンや家電などの操作を覚えやすい……など

❸体得タイプ

☐説明書を見ないですぐにパソコンや家電などを実際に動かしてみる
☐体験学習など、実際に体を使った学びの方が好きだ
☐まずは自分で実際にやりながらやり方を覚えるほうだ……など

と素直に認められる方向に進めば、仲間が増えるかもしれません。

　欠点だと思われる性格も、工夫次第で才能になることがあるのです。今は実感できなくても、頭の片隅にインプットしておいてくださいね。

④リフレーミングする

　弱みと思う性質を強みとしてとらえ直すことや、見方を変えることをリフレーミングといいます。それでは早速、リフレーミングを練習してみましょう。

❶自分が欠点だと思っている性格を2つ思い浮かべて、マイナスの欄に書き込みましょう。
❷親や先生、友達に❶で書いた性格をプラスに変えてもらい、プラスの欄に書き込みましょう。例のように、プラスの欄にはたくさん書き込みましょう。

 ## リフレーミング

マイナス	プラス
例）私は　せっかち　です	あなたは　すばやい　です
	行動力がある
	てきぱきしている
私は＿＿＿＿＿＿です	あなたは＿＿＿＿＿＿です
私は＿＿＿＿＿＿です	あなたは＿＿＿＿＿＿です

以下のリストは、実際のペアワークで参加者が作ったリストです。

参考にしてみましょう。

マイナス	プラス
私はわがままです	周りを引っ張ってくれる、やりたいことがいっぱいある
私は怒りん坊です	よく気がつく、自分の気持ちを素直に出せる
私はせっかちです	効率が良い、手際が良い、よく気がつく
私は聞き下手です	自分の主張ができる、頭の回転が速い、話しやすい雰囲気がある
私は落ち着きがないです	エネルギッシュ、活動的、元気、パワフル、興味がたくさんある
私は忘れ物が多いです	おおらか、細かなことを気にしない
私は口が悪いです	自分の思ったことを素直に言う、積極的、正しいことを言う
私は忘れっぽいです	嫌なことが忘れられる、切り替えが早い
私は心配性です	ゆっくりじっくり考える、慎重、危ないことをしない
私はおっちょこちょいです	おおらか、かわいい

2 才能としてのＡＤＨ＆ＡＳ＆ＬＤ

　発達障害の診断基準にある特性はすべてプラスの意味を持ち、社会貢献に使われれば才能になるといえます。トム・ハートマンのハンター理論というものがあります。これは、ＡＤＨＤの多動、気がそれること、衝動性は、猟師（ハンター）としてはすべて才能になるが、農耕民族の中ではその特性は支障をきたしやすいというものです。これこそ、リフレーミングのいい例です。私はアメリカで直接、ハートマン博士の講演を聴き、とても元気が出たことを覚えています。

●ハンター理論●

障害と見たときの性質	ハンターと見たときの性質 ▶才能になる
落ち着きがない ▶▶▶	エネルギッシュでパワフルに行動する
衝動性 ▶▶▶	リスクを好み、危険に立ち向かう
計画を立てることが苦手 ▶▶	柔軟性があり、臨機応変に行動できる
注意散漫 ▶▶▶	好奇心旺盛で、絶えず周囲に注意を払っている

つまり、特性を持った人の生活環境が、とても大きな意味を持つということです。特性とマッチしない環境では障害とみなされたとしても、マッチする環境であれば、同じ特性が才能に変わるかもしれないのです。

> ・D（disorder＝障害）がないＡＤＨ＝不注意で衝動性があり多動だけど、日常生活でトラブルがない
> ・D（disorder＝障害）がないＡＳ＝こだわりや感覚過敏があり、相手の気持ちなどを想像するのが難しいけど、日常生活でトラブルがない

　このような状態が理想です。

　ＬＤ（Learning Disability）は学習障害と言われますが、同じＬＤでも学習方法の違い（Learning Differences）という考え方もあり、文字ではなくイメージで物事を理解するタイプです。文字情報のやり取りが少なければ、日常生活でのトラブルは少なくなります。例えば読み書きができない人が多かった時代でも腕のいい職人さんは軽蔑されるどころか、尊敬されていたはずです。
　発達障害の特性に才能の側面からスポットライトをあてると、次のようになります。障害化していないのでＤ（Disordar）という言葉は使っていません。

才能としてのADH

本番に強い

企画立案が得意

スピーチが得意

運動能力に
優れている

新しいことに興味を抱き、
前例のないことに挑戦する

切羽詰ったときに
能力を発揮する

トラブルがあるとき、
臨機応変に対応する

実行力がある

斬新なアイディアを出す

アレンジ力がある

才能としてのAS

行動に裏表がない、
誠実

聴覚的な
記憶力がいい

視覚的な
記憶力がいい

美術系の才能がある

興味のあることには
強い知識欲がある

じっくり同じ作業を
継続できる

自分がやると決めたら
意志が固い

統計や分析が好き

研究などに
寝食を忘れて
没頭する

単純記憶系の勉強や
作業が得意

才能としてのLD (Learning Difference)

工作能力が高い

手先が器用

空間認知力が高い

視空間の
イメージ力が高い

文字ではなく
イメージやイラストで
理解する力が高い

目と手の協調運動が
得意

デザイン力がある

クリエイティビティが
高い

直感的で視覚的に
理解ができる

芸術系に
秀でていることが多い

時と場合を考える

　例えば授業中に、授業の内容とは別のアイデアが浮かぶことはありませんか？　それはもしかしたら、クリエイティビティというとても貴重な能力のサインかもしれません。でも、学校や社会で、特に周りに合わせるルールが大切な場所でこの力を発揮しすぎると、「ルールを守れない」というレッテルを貼られてしまいます。

　同じように、こだわりも最後まできっちりやる、細かいところまで徹底するという貴重な能力ですが、ときと場合によっては、融通がきかない、集団行動ができない人と判断されてしまいます。

　つまり、特性を才能とするためには、適切なときと場所でその特性を発揮する必要があるのです。自分の特性を最大限発揮できるときと場所を見つけることこそが、大切なのです。これを自分一人でやるのはなかなか難しいので、客観的にアドバイスをくれる親や支援者の存在が重要になります。

3 周りとの相性で評価が変わる

　前の項目の「ある特性を持った人の生活環境が大切」という話は、「周りの環境や人と相性が良いか、悪いか」またそれを「調整できるか」ということでもあります。

　例えば、ＡＤＨＤの障害特性である衝動性と多動が、多弁という形で授業中に出ると、わからないことはすぐに質問する、意見を言うという行動になりやすいです。授業中に質問したり意見を述べることは日本の教育ではあまり歓迎されませんが、欧米の教育では積極的で好奇心があり熱心であるという高い評価をされます。逆に、静かに黙って授業を受けていると、消極的で意欲がないという評価になります。

　また、日本の教育では先生が提示した通りにやることが求められ、そのよ

うにできる人が良い生徒とされますが、欧米の教育では主体性とクリエイティビティを育てることをとても大切にしているので、先生はなるべく見本を示さず、自由な発想で課題に取り組めるように支援します。

あなたが疑問に思ったことは何でも質問し、人の指示通りではなく自分で考えてやりたいと思うタイプだったとすれば、相性が良いのは日本の文化ではなく、欧米の文化かもしれません。

このように、学校の先生、あるいは親、友達との間、住んでいる場所の文化とも相性があります。自分が持っている特性そのものが障害になるのではなく、身近な人たちとの相性が悪い場合、それが問題とみなされ、支障が生じることで、医療機関から「障害」と診断される可能性もあります。

私の人生を振り返ってみると、相性が良いと思った先生や人は、私のクリエイティビティを良いものだと言ってくれ、育ててくれた人です。残念ながら日本の教育はありのままの私とは相性が悪く、アメリカの教育との相性がとても良かったのです。クリエイティビティを評価する教育に出会ってから、私の人生が大きく変わったといえます。

もちろん、すべての人が留学したから才能が開花するとは限りません。大切なのは環境との相性なのです。親と相性が悪いということも、残念ですがあるでしょう。自分がダメ、相手が悪いということではなく、早めに「相性が悪い」ということに気づいたら、いい距離を持つことがお互いのために良いこともあります。逆に、親との相性が良すぎてしまうと、いごこちが良すぎて自立するのに支障が出ることもあります。相性がもし悪かったとしても、考え方を変えると自立が早くなるいい条件ともいえます。その場合、あなたのことを理解してくれる相談相手を家以外で見つけることが大切です。

日本で生活する以上、日本の文化に合った行動をする（日本文化と相性が良くなるようにふるまう）ということはそれなりに重要なことですが、日本社会でうまくいかず苦しい思いをしている人は、可能なら外国に短期留学するなどして違う価値観の中に身を置くこともおすすめします。自分らしさやありのままの自分を見つけ、自己理解を深めることができるかもしれません。まずは、祖父母や親戚の家、友人の家で過ごしたりする体験から家庭や地域の違い「異文化」を感じてみましょう。

相性しらべ

　どちらが良い悪いということではなく、「相性」という視点でどういうところが合うのか、合わないのか書き出してみましょう。この表から、あなたにとってストレスの少ない条件が見えてくるかもしれません。自分を責めたり相手を責めたりせずに、その条件を探すことができたらいいですね。合わない場合も、「異文化」なのだと気がつくと、楽になることがあると思います。

	相性が良いところ	相性が悪いところ	その他
母			
父			
相性が良かった友だち			
相性が悪かった友だち			
相性が良かった先生			
相性が悪かった先生			
学校（雰囲気や決まりなど）			
あなたの住んでいる地域			
その他（塾や習い事など）			

環境が障害者を作り、天才を埋もれさせる

　並外れた能力を持っていてもそれを見つけ引き出してくれる人、育ててくれる人、それを活かす環境がなければ、ただの変人扱いされて終わるということも残念ながらあります。昭和大学医学部教授の岩波明先生が『天才と発達障害』という本で、次のように述べられていますので、要約して紹介します。

　日本の社会は学校でも社会でも平均を重んじることが多い。このような状況からは画期的なイノベーションは生まれない。天才を使いこなせていない日本社会の現状を変えなければ、創造性が社会によって抹殺されることも起こり得る。
　天才たちが子ども時代に不適応者のレッテルを貼られてメルトダウンしてしまい、本来持っている能力を発揮できないままその後の人生を過ごしていることが稀ではない。高い能力を持つ子どもには、能力のアンバランスがあることが多く、その能力を開花させるには適切な大人による保護と訓練が必要である。

　〈創造性が社会によって抹殺されることも起こり得る〉という表現はかなりインパクトがある言葉ですが、現在の日本の社会ではとても多いように思います。相談業務の中で出会う人たちは、私よりＡＤＨＤの障害特性はマイルドであり、いわゆる平均より高い能力を持った人もたくさんいます。その才能を引き出し、伸ばし、活用する場が与えられていないということにとてもがっかりします。

4 規格外だと才能になりやすい?

　規格外ではみ出ている状態というのは、マイナスなことばかりではありません。飛び抜けて能力が高いということもあるでしょう。そんなとき、「あいつは変わっている」とか、「普通と違うよね」などと言われます。

　あなたは「普通と違うね」と言われて、どんな気持ちがしますか?　ある小学校でこの質問をして、どれかに手をあげてくださいと尋ねたことがあります。

❶嫌な気持ちがする

❷そのときによって違う

❸いい気持ちがする

　その小学校ではほとんどの人が❶に手をあげ、❷は10%くらい、❸に手をあげたのは、200人くらいいた児童のうち、ほんの数名でした。つまり「普通と違う」という評価を否定的なものと考えていました。

　中学校でも、同じ質問をしたことがあります。そのときは、❶が極端に少なく、❷と❸に手をあげた人がとても多くいました。この違いはどこから来るのでしょうか。

　これは、「みんな違って、みんないい」という多様性の重要性について人権教育を行っていた中学校と、行っていなかった小学校の差でした。

　日本語の「違う」という言葉には、実は2つの意味があります。1つは、英語の"wrong"、つまり「間違っている」です。もう1つは英語の"different"、「同じでない」です。同じ日本語の中に、まったく異なる概念が入っているの

です。ちなみにアメリカでは、"Be different(違う存在であれ)"という標語が、学校の教育目標として正面玄関の入り口に掲げられていたりします。

「違う」ということが「間違っている」の意味で聞こえるか、「同じでない（だけ）」の意味で聞こえるかによって、受け取り方が変わってくるのです。日本は「出る杭は打たれる」など、「間違っている」のニュアンスでとらえられることが多いのは大変残念です。

日本の文化の中で変な奴と言われたとしても、それは日本の文化（価値観）の中で、同じじゃないねと言われているだけと思って、必要以上に自分はおかしいとか、ダメな人間だと思わないでほしいのです。

言い換えれば、同じような特性でも、親や先生の価値観、学校教育、大きくはその人が所属する国の文化的な考え方、常識と呼ばれるものによって評価が変わるということなのです。実際、多様性を大事にする教育をしていない小学校で、「いい気持ちがする」に手をあげた人になぜそう思ったのか聞いてみたところ、「親がいつもそのように言っているから」「先生がそう言ったから」という答えが返ってきました。

才能を発揮するには、そもそもみんな違っているのは当たり前、「違う」というのは単に「同じでない」だけで、「間違っている」わけではまったくない、ということをしっかり理解することが大切です。

5 才能の種をまず見つけよう

　２Eの場合はどうしてもだめなところに目がいきやすく、マイナスの部分を底上げして平均的にさせようという気持ちが強くなります。ですから、残念なことに高い能力があるということに気づかないことが多いのです。

　イギリスの建築画家ステファン・ウェルシャーさんは自閉症と診断され、小学生の頃、授業中はほとんど話をしませんでした。授業もわからない様子でしたが、あるとき、スクールバスに乗ってロンドン市内を見学したことがありました。

　その後教室に戻り、自由に絵を描くように先生が指示を出したところ、写真で撮ったような絵を描き、担任の先生をびっくりさせたそうです。その後、絵の才能を見出され、才能を伸ばす教育を受け、現在では複数の画集を出版しロンドンに画廊を持っています。32歳のとき、芸術に対する貢献が認められ大英帝国勲章を受賞しています。

　彼のように、どこで才能が見つかるかわかりません。国語や算数が苦手でも、美術や体育や音楽の隠れた才能を持っているかもしれません。8つの知能（マルチプル・インテリジェンス）（44、45ページ）を参考に、才能の種を見つけてみましょう。

　エデュケーション（教育）のエデュケとはラテン語で〈引き出す〉という意味です。まずクラスや家庭で「良いところを探し、引き出す」習慣がつくといいですね。

8つの知能

知能の種類	キーワード	好きなこと
1 言語的知能	言葉を使う	読む、書く、話す、言葉遊び
2 論理・数学的知能	論理的	実験、因果関係、計算、パズル
3 視覚・空間的知能	イメージや図を使う	描く、イメージ、デザイン、美術
4 身体運動的知能	身体的な感覚を使う	踊る、運動する、作る、スポーツ、体験型の遊び、劇
5 音楽的知能	リズムやメロディを使う	歌う、口笛をふく、コンサート、音楽を聴く、楽器を弾く、リズムを取る
6 対人的知能	他人とのコミュニケーション	リードする、組織する、グループ活動、人との会話、集団でのクラブ活動
7 内省的知能	自分のニーズや感情や目的	自分で目標設定する、想像、振り返る
8 博物的知能	自然や自然の中にあるもの（人工物も含む）	ペット、ガーデニング、自然観察、ロボット、電車、車

あなたが好きなもの・得意なものは何ですか？

24の強みを理解するためのチェックシート

次のチェックリストは、幸福学という分野で研究されている内容です。

それぞれの強みの説明文を読んで、自分に当てはまるところに○をつけてみま

智恵・知識	創造性	新しい見方やアイディアを思いつき、工夫してオリジナルなものを作る	0 1 2 3 4 5 6 7
	好奇心	新しいものが好きで、新しい人と出会ったり、新しい経験をするとわくわくする	0 1 2 3 4 5 6 7
	向学心	自分の知識や経験を深めたいと考え、新しいことを熱心に学ぼうとする	0 1 2 3 4 5 6 7
	全体を見通す力	ものごとの流れや大筋をよくとらえていて、適切なアドバイスをする	0 1 2 3 4 5 6 7
	やわらかい頭	ものごとをいろいろな面から考え、人にはいろんな意見があると思える	0 1 2 3 4 5 6 7
勇気	勇気	難しいことや怖いことなどに対して、怖がったりしりごみしないで挑戦する	0 1 2 3 4 5 6 7
	忍耐力	難しいことがあったとしても、やり始めたことを完成するまでやり続けることができる	0 1 2 3 4 5 6 7
	誠実	約束を守り、自分の行動に責任を持ち、まじめで嘘をつかない	0 1 2 3 4 5 6 7
	熱意	情熱的で、熱心で、いつも全力でエネルギッシュに活動する	0 1 2 3 4 5 6 7
人間性	愛情	周りの人を大切にし、周りの人が幸せだと自分もうれしい	0 1 2 3 4 5 6 7
	親切心	他の人に対して思いやりがあり、何かしてあげたいという気持ちになる	0 1 2 3 4 5 6 7
	対人関係力	相手や自分の感情・考えをよく理解して、いろいろな人とうまく付き合う	0 1 2 3 4 5 6 7

しょう。

　わからないときは、あなたのことをよく知っている人に聞いてみましょう。

当てはまらない ◀━━━▶ よく当てはまる

正義	公平性	平等に機会があることが大切だと考え、みんなに同じように接する	0 1 2 3 4 5 6 7
	リーダーシップ	グループが目標達成できるように、みんなを力づけ、仲良くできるようにサポートする	0 1 2 3 4 5 6 7
	チームワーク	グループのメンバーと協力して、チームのために働き、積極的に自分の責任を果たす	0 1 2 3 4 5 6 7
節度	寛容性	理不尽な扱いを受け流すことができ、他人の失敗を許し、仕返しをしない	0 1 2 3 4 5 6 7
	謙虚	自分の足りないところを認め、自分を能力を見せびらかしたり、自慢しない	0 1 2 3 4 5 6 7
	思慮深さ	後で後悔しないように慎重に計画し、注意深く準備したり、じっくり選んだりする	0 1 2 3 4 5 6 7
	自制心	自分の感情や言動、食欲、ゲームの時間などをコントロールして、思い通りにならなくても冷静でいる	0 1 2 3 4 5 6 7
超越性	美的センス	自然や芸術などに触れたり、美しいものや素晴らしいものを見つけ、感激する	0 1 2 3 4 5 6 7
	感謝する心	良い出来事を当たり前とは思わず、小さなことでも感謝し、伝えたりする	0 1 2 3 4 5 6 7
	希望	未来が良くなることをイメージし、望みはかなうと信じて行動する	0 1 2 3 4 5 6 7
	ユーモア	笑いを大切にし、落ち込んだ雰囲気をなごませて楽しくする	0 1 2 3 4 5 6 7
	精神性	人生には大切な意味があるとか、見えない力を信じている	0 1 2 3 4 5 6 7

6 ギフト（才能）の使い方

　能力が高くても残念ながら、ときには周囲に受け入れてもらえなかったり、トラブルになったりすることもあるでしょう。ギフトがあり、みんなと違うということでからかいやいじめの対象になったり、ときには先生から心ない言葉を言われることもあるかもしれません。そのことで傷つき、コンプレックスを抱いたり、人に対して怒りの気持ちがわいてくることもあります。

　皆さんは台湾のオードリー・タンという人を知っていますか？　類稀なギフトを持ち、そのＩＴの知識と想像力を活かして、コロナ禍にマスクを国民に、平等にスムーズに渡す仕組みを作りました。このようにギフトを自分のためだけではなく、人のために役立てることができたら素敵だと思いませんか？

　タン氏は小さい頃ひどいいじめにあったり、彼の高いＩＱに合う教育がなかったという点で、祖国は相性の悪い国と言えそうです。しかし、自分の能力を高める教育を提供してくれた海外の国から祖国に戻り、自分のギフトを祖国のために使うことを決断しました。戻ってきた台湾の中学校の校長先生から、学校に来なくても良いと許可が出て、15歳で友人と起業したそうです。やはり一人でも理解者がいるということが、能力を開花させるためには大切ですね。

　アメリカにはギフテッド教育がありますが、ただ個人的にその能力を高めるだけではなく、その力を人のために使い社会貢献するということが最終の教育目的になっています。

日本でも高校生が考えた企画に投資家が投資し、本当に会社を作るプロジェクトがあります。いい大学に入ることが教育の最終目的ではありません。並外れた能力を持っている人は、ぜひその使い道を考えてみてくださいね。

　起業など、大きなことでなくてもいいのです。困っている人が一人でも幸せになるのなら、そのためにあなたのギフトを使ってみましょう。生まれ持って与えられたギフトを人のために使うか、人が悲しむような行為に使うか、使い方こそが大切なのです。

7 弱点が別の能力を高めることがある

　例えば「発表の準備ができない、やりたくない」という人がいたとします。このとき、普通だと「準備をしっかりしよう」と言われがちです。

　現実的には準備がまったくできなかったり、不測の事態が起こったときに何もできなかったりすると困りますので、最低限、何とかできる力やサポートしてくれる人は必要でしょう。

　それでも「本番で何とかする力があったら、準備はそこそこでいい」という考え方も、実は大切だったりします。そうすると、土壇場での調整力や臨機応変力が高まるのです。

　つまり、別の方法でも本番が乗り切れるように、別の能力を育てるというアプローチもありなのです。

　逆に、とても準備は得意で、準備しないと不安で眠れないという人は、当日何か問題が起こったら、うまくいかないことも出てくるかもしれません。この場合、当日起こりうる問題を事前に予測することで、事前に準備する力を伸ばすことができるでしょう。

　このように、自分が得意なやり方で何とかしようとすることでその力が伸び、本番でも力を発揮できることでしょう。

　あなたの場合はどうですか？　準備も少しはできるけど、あまり得意ではないという場合は、「当日対応力８」対「準備力２」のような形にするなど、自分の得意なやり方に合ったバランスを見つけていくことが大切なのです。準備ができないとダメ、ではなく、自分に合った方法を見つけてみませんか？

例1 準備が苦手で不十分でも、当日何とかできる対応力がつく

例2 計画的に行動できず、先延ばしにするが、最後の集中力を出して間に合わせる

例3 字が書けない、読み間違いをするので、原稿を書かずにスピーチを練習し、発表する

例4 忘れ物が多いけれど、人に借りることができる

例5 約束ややることを覚えていられないけれど、スマホアプリやアレクサなどでリマインド設定できる

　オールマイティに何でもできる人はいません。自分の得意なことはどんどん進めていき、苦手なことは支援してもらったり、他のやり方でカバーする方法を考えましょう。

現実的にはなかなか能力と呼べるものを見つけられなかったり、自分ではこれが才能だと思っても、人に受け入れてもらえずトラブルになったりして、ストレスを感じるかもしれません。時には、それを他の人に受け入れられるようにアレンジして表現したり、人の役に立つように活用することも大切です。

　例えば、音楽、美術、スポーツなどは、コンサートや美術展、スポーツの大会、ネットなどで表現すると、多くの人を感動させたり、喜ばせたりできます。

　日本でも少しずつ才能教育が推進されています。もともと美術、芸術、スポーツ関係はコンテストや大会などで表現しやすく、学校への推薦入学制度などがありました。最近ではスーパーサイエンス指定校などがあり、科学の能力を引き出し、社会で活用するための教育が、特に私立学校で進められています。

　悲しいことに、ギフトがみんなと違うということでからかいやいじめの対象になりたくないから、能力をわざと隠して普通に見えるように努力したりする人もいます。でも、まずは家族の前で表現してみませんか？　そして、家族がその能力を見つけてくれたら、あなたの能力を受け入れ、さらに伸ばし、人のために活用するレベルになるまで助言や協力してくれる人につなげてくれるかもしれません。

①何かの能力が飛び抜けている（規格外にあること）
②一般の人にもわかりやすく、その能力が示されていること
③その能力が人のために役立っていること

■ ＩＣＴ（情報通信技術）を活用しよう

　みなさんの学校でも既にタブレットを活用していると思います。自分の苦手なところをカバーしてくれるアプリや機能に出会ったら、勉強がしやすくなり、楽しくなるでしょう。特に診断名がある人は、主治医や心理士にアプリや機能を必要としている理由を書いた書類を作成してもらいましょう。あなたがよりスムーズに勉強したり快適に学校生活を送ったりするために、学校や家庭で合理的配慮が受けられます。学校で使うことが嫌だと感じたり、難しいと学校側に断られたときは、宿題をするときだけでも活用してみましょう。

● 振仮名（telethon株式会社）

テキストデータがある場合、振り仮名を振った状態で表示することができるアプリです。

● PDF Pro 4（Dominic Rodemer）

紙の印刷物をスキャンして読み込むことで、そのデータを読み上げてくれるアプリです。

● GoodNotes 5
（Time Base Technology Limited）

タブレット内できれいにノートが取れるアプリです。拡大縮小して文字を書いたり、図形や線をきれいにひきながらデザインすることができます。

● SimpleMind
（xpt Software & Consulting B.V.）

マインドマップを描くツールです。長い文章を書くときに頭の中のアイデアを整理したり、創作するときに考えをまとめたりするのに役立ちます。

8 折り合いをつける

　周りが自分と相性の良い人ばかりならいいのですが、そうでないのが現実です。そこで大切なのが「折り合いをつける」ことです。

　人はみな違っているので、一人で何かをやるのであればマイペースでもまったく問題はありませんが、2人以上の人と生活する以上、相手のペースや考え方が自分と違っていたら、しっかり話し合って、"いい加減"に折り合いをつけることが大切です。

　折り合いをつけるとは、自分がこうしたい！　という思いが100だとすると、それを状況や相手の意見に合わせて80で表現したり、場合によっては相手の思いを優先して自分の意見とは違う意見を受け入れたりすることです。

　例えばＡＳＤタイプの人にはいろいろなこだわりがあって、目標設定、やり方、やる時間等、その人のやりたいようにできるときが一番パフォーマンスが高くなるといえます。

　だからといって、周囲の事情を一切無視するわけにはいきません。実際、まったく一人だけの作業で完結する課題は、現代社会では少ないでしょう。とても個人的な活動と思われる芸術家の仕事でも、材料を入手することや展示、販売を考えれば人間関係を築くことが不可欠です。円滑に社会の中で暮らし、仕事を進めるためには、折り合いをつける練習は避けて通れません。

　基本は、相手がどうしたいのかをしっかり聞いて、自分がどうしたいかということもきちんと伝える。違いを認め合った上で、ではどうしたらいいかという目標やルールを一緒に決めて、それを守るということです。

100%自分の思った通りに相手が動いてくれない場合（それがほとんどですが）、折り合いをつけるということは何かをあきらめるということになります。ポイントは、自分がこだわりたいと思うことのうち、何をどのくらい手放すかということです。

　こんな方法はどうでしょうか。

❶まず、自分がこだわりたいことを書き出します。
❷優先順位をつけます。
❸何番以下は「まぁいいか」とあきらめる候補にしておきます。
❹相手の意見を聞いて、やり方を調整していきます。

　家族で話し合いをするとか、友だちのグループで意見が合わない場面ではぜひこのことを意識してみてください。

　自分のこだわりを３つ書いて大切だと思う順に番号をつけてみましょう。

自分のこだわり	順位

頭ではわかっていても、なかなか気持ちのふんぎりがつかないこともあるでしょう。また、自分がやりたいことをセーブされることになるので、やる気スイッチがオフになったり、怒りのスイッチがオンになったりすることもあるでしょう。感情のコントロールは、特に最初のうちはとても難しいことだと思います。

　そんなときはまず、自分の思いを全部吐き出しましょう。誰かにしっかり話を聞いてもらうことがおすすめです。逆に、あなたが聞き手になったときには、相手の話を否定したり、反論したりせず、相手の話を受容する姿勢で聴くように心がけてみましょう。

　２Ｅのある人は、その特性から劣等感と優越感を両方持ち合わせることが多くなるということです。劣等感が強すぎるとその反動で、優越感を増やしたいと思い、自分の得意なことが苦手な人を攻撃してしまうことがあります。それは、あなたの苦手なことを攻撃する人を増やすことにもつながってしまいます。

　誰にでも苦手なことはあります。それを攻撃し合うのではなく、お互いの良いところを尊重し合いましょう。

1　3つのストレスレベルを知ろう

　2Eのある人は「普通」と違うと自分や周りの人が感じる特性が多くあるので、より生きづらさやストレスを強く感じ、抑うつ的になることがあります。ですから、ストレスのメカニズムを理解し、ストレスとうまく付き合うことがとても大切です。人によってストレスの原因やうまくいく対処法は違います。あなたがうまくいく条件を探していきましょう。

　みなさんには、苦手だったけど頑張ったらスムーズにできるようになったという体験があると思います。一方で、みんなが簡単にできるのに、どんなに頑張ってもできないと感じ、落ち込んだり、挫折したり、自分を責めたりしていることもあるかもしれません。

　得意なことや簡単なこと、好きなことをするのにストレスはかかりません。逆に、不得意なことや自分にとって難しいこと、嫌いなことを長時間しなければならないときには、大きなストレスがかかります。このとき、体内ではいろいろな変化がおこります。

　学校では、不得意で難しくてやりたくないことでも、やらなければいけないこともありますね。このようなストレスとうまく付き合っていくために、まず、3つのストレスレベルを理解しましょう。

　ストレスレベルは条件によって変わります。例えば、今のあなたにとってストレスレベル3の状態でも、ここまで頑張るということを明確にして、一部は、人に手伝ってもらったり、大人に悩みを聞いてもらうだけでも、ストレスレベル2になるでしょう。

● 3つのストレスレベル ●

レベル1	適度な ストレス	成長し、挑戦し、高いレベルの活動をするきっかけになる
レベル2	許容可能な ストレス	比較的短い期間に生じる。チャレンジすることでストレスへの抵抗力をつけることにもなる（ただし、大人の協力が不可欠。また、チャレンジの後は回復する時間が必要）
レベル3	有害な ストレス	支援のない状況でストレスが長期にわたって頻繁にかかる状況

● ストレスを減らす工夫 ●

例	ストレスの原因	ストレスレベルの下げ方
期限を 決める	英語の資格試験に合格したいけど、なかなか合格できない	後1回なら頑張ってできると思う。ダメならあきらめがつくので、1回頑張ってみよう
助けを 求める	宿題が難しくて、毎日終わらない。みんなと同じように一人でやりたいし、自分だけ違う課題は嫌だ	友だちと一緒に宿題をやって、わからない問題は一緒に考えてもらうようにする

　このように、どうすればストレスレベルが下がるだろうかと考えることで、ストレスをより軽くすることができるのです。

　ストレスレベル3のまま続けていると、体も心も疲弊しますので、どこかで切り替えが必要です。条件を整えてストレスレベルを下げられると、あなたの能力が開花するスタートポイントになるかもしれません。

　次の項目ではストレスレベルを下げるヒントとして、「ラスクのモデル」と「脳内物質」について解説していきます。

2 ラスクのモデルと脳内物質

大きなストレスを抱えているとき、眠れないという体験はありませんか?

眠るためには、リラックスする必要があります。でも、ストレスを抱えている状態では神経が緊張していて、ノルアドレナリンなど脳や体を目覚めさせる脳内物質が活性化しています。

睡眠には嫌な記憶を消去する働きもあるので、ストレス状態で眠れない➡嫌な記憶も消去されない➡ますますストレス状態に……という悪循環になってしまいます。

さらに、眠れなかったときは、頭や体の疲れが抜けないように感じますよね。疲れていると活動することに意欲もわかず、ぼんやりして注意力も働かず……と悪循環がどんどん積み重なっていってしまいます。このことをわかりやすく表しているのが、図のラスクのモデルです。

例えば、「簡単に記憶ができて、テストでいい点を取ること」のためには何が必要でしょうか? 翌日の覚醒のためにぐっすり眠ったり、怒りや不安を解消したり(1段目)することが必要ですよね。

他にも、

● ラスクのモデル ●

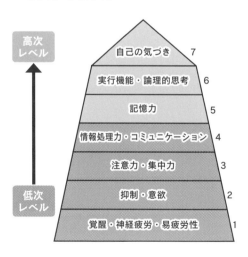

高次レベル

7 自己の気づき
6 実行機能・論理的思考
5 記憶力
4 情報処理力・コミュニケーション
3 注意力・集中力
2 抑制・意欲
1 覚醒・神経疲労・易疲労性

低次レベル

みんなと違うという思いから不安
になり、常にストレス状態にあると
▶ ▶ ▶ 記憶力が低下する

1段目 5段目

感情や行動をコントロールでき
ないと
▶ ▶ ▶ 実行機能が働かず、効率的なテス
ト勉強ができない

2段目 6段目

やりたくても集中力がないと
▶ ▶ ▶ 実行機能が働かず、すぐに楽な方に
気がそれてしまい、テスト勉強を終
わらせることができない

3段目 6段目

　といったことがあるでしょう。ピラミッドの上位項目をうまく機能させる
ためには、下位項目から整えることが大切なのです。

　中でも何より大切なのは、夜中に熟睡すること。そのためには、昼間しっ
かり活動し、光を浴びることが必要です。この睡眠と覚醒のリズムに関係し
ているのが、セロトニンという脳内物質です。これは朝、太陽の光を浴びる
ことで分泌されます。そして、同時にノルアドレナリンという脳内物質も分
泌され、脳が覚醒し、活動モードになるのです。

　セロトニンは太陽の光を浴びる他に、リズムよく歩いたり、食べ物を咀嚼
したり、集中してしっかり呼吸すること（呼吸法）などによって分泌されま
す。つまり、日中外で活発に活動することがポイントです。このセロトニン
が、夜にはメラトニンになり、ぐっすり眠れるようになります。

　このように、日中の活動とぐっすり眠ることは密接に関連し合っています
ので、家にひきこもっていると、セロトニンが出ず、勉強に集中できないと
いう悪循環になってしまいます。

アテネ不眠尺度（ＡＩＳ）

8つの質問の点数の合計点を記入してください。

■**合計得点** [　　　　] **点**

過去１カ月間に少なくとも週３回以上経験した項目を選んでください。

● **寝つき（布団に入ってから眠るまでの時間）**
- [ ] 0…いつも寝つきは良い
- [ ] 1…いつもより少し時間がかかった
- [ ] 2…いつもよりかなり時間がかかった
- [ ] 3…いつもより非常に時間がかかった、まったく眠れなかった

● **夜間、睡眠途中に目が覚めることは？**
- [ ] 0…問題になるほどではなかった
- [ ] 1…少し困ることがあった
- [ ] 2…かなり困っている
- [ ] 3…深刻な状態か、まったく眠れなかった

● **希望する起床時間より早く目覚め、それ以上眠れなかった？**
- [ ] 0…そのようなことはなかった
- [ ] 1…少し早かった
- [ ] 2…かなり早かった
- [ ] 3…非常に早かったか、まったく眠れなかった

● **総睡眠時間**
- [ ] 0…十分である
- [ ] 1…少し足りない
- [ ] 2…かなり足りない
- [ ] 3…まったく足りないか、まったく眠れなかった

4点未満の人 良い睡眠が取れているようです。この調子で自分が熟睡できる環境を継続していきましょう。

4点から5点の人 ちょっと寝不足のようです。良い睡眠を取るために生活習慣や熟睡できる条件を探してみましょう。

6点以上の人 睡眠不足です。この本で紹介している熟睡するための方法をいろいろ試してみましょう。それでも難しい場合は、親や先生に相談してみるといいかもしれません。

● 全体的な睡眠の質は？
- [ ] 0…満足している
- [ ] 1…少し不満
- [ ] 2…かなり不満
- [ ] 3…非常に不満か、まったく眠れなかった

● 日中の気分は？
- [ ] 0…いつも通り
- [ ] 1…少し滅入った
- [ ] 2…かなり滅入った
- [ ] 3…非常に滅入った

● 日中の活動について
- [ ] 0…いつも通り
- [ ] 1…少し低下
- [ ] 2…かなり低下
- [ ] 3…非常に低下

● 日中の眠気について
- [ ] 0…まったくない
- [ ] 1…少しある
- [ ] 2…かなりある
- [ ] 3…激しい

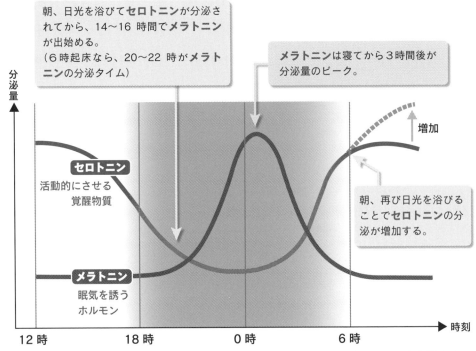

● メラトニンとセロトニンの１日のメカニズム ●

朝、日光を浴びて**セロトニン**が分泌されてから、14〜16 時間で**メラトニン**が出始める。
（６時起床なら、20〜22 時が**メラトニン**の分泌タイム）

メラトニンは寝てから３時間後が分泌量のピーク。

増加

朝、再び日光を浴びることで**セロトニン**の分泌が増加する。

分泌量

セロトニン
活動的にさせる
覚醒物質

メラトニン
眠気を誘う
ホルモン

時刻

12 時　　　　　18 時　　　　　0 時　　　　　6 時

出典：坪田聡「あなたを変える睡眠力」2013、宝島社より

　人の感情と行動には、他の脳内物質も様々に関係しています。例えば、ワクワクするゲームをやっているとき、ドーパミンが出ています。友だちと楽しくおしゃべりしているとき、オキシトシンが出ています。授業中によそ見をしていて先生に注意されたとき、どきっとしてノルアドレナリンが出ています。

　覚醒や集中力をアップさせるノルアドレナリンやアドレナリンのような脳内物質が、試験や競技の直前、ストレスによって一時的に分泌されることは好都合なことです。でも、夜寝ようとするときに、これらの脳内物質の分泌

が活発になってしまうと眠れなくなってしまいます。

　ストレスフルなときは体や頭が動かず、自分を責めることが多くなりますが、自分が悪いのではなく、脳内物質のバランスが悪いということがわかれば、自分を責める必要はなくなります。

　うまくいかないことがあっても、あなたが怠けているわけでも、だめなわけでもありません。ラスクのモデルの下位の状態が整っていないことで、脳内物質がきちんと働いていないだけなのです。それを整えることで、そのときどきの活動に合った適切な脳内物質に活躍してもらいやすくなります。

コラム

　ストレスレベル2では、頑張っているときはストレスホルモンがたくさん出て疲れやすい状態ですが、課題に成功するとドーパミンが出て疲れも取れ、また頑張ろうというやる気スイッチが入ります。

　ストレスレベル3では、なかなか先が見えず結果も出ないので、ドーパミンが出ません。ストレスホルモンは常時出ていて、胃や腸に影響を与え、体調が悪くなります。外に出たくなくなってしまうくらい疲れ果ててしまうと、光を浴びることが少なくなり、心を安定させるセロトニンが作られず、結果として睡眠ホルモンのメラトニンが少なくなり、眠れなくなる悪循環になります。

3 ラスクのモデルを活用した対応法

　60ページのラスクのモデルは下位項目を整えるだけでなく、別の使い方もできます。自分が苦手なことを見つけ出し、それをカバーする方法を見つけることができるのです。

　例えば、私の場合、実行機能の中の一つである段取り力が発揮できるときと、発揮できないときがあります。その違いは何か、書き出してみました。

■〈段取り力〉が発揮できるとき

- ものが実際に目の前にあり、それを見ながら段取りしようとしたとき、どうしたら早くできるか、どうしたらより労力をかけずにできるか、段取ることができる（大量の手紙の発送作業など）
- やることがたくさんあるとき、まずは書き出して、効率的な順序を考えてやることリストに落とし込むと、実行できる

■〈段取り力〉が発揮できないとき

- 頭の中だけで段取りをしようとしたとき、やることを忘れてしまう
- 目の前に何か気になることがあると、そっちをやってしまう

　比べてみると、書き出したりして目に見えているものの段取りはできるけど、（頭の中で考えたときなど）目に見えないものは、忘れてしまってできないということがわかります。

一見、段取り力がないと思われがちですが、書き出すなど可視化すればできるので、もともと段取り力はあるということになりますね。ラスクのモデルでいえば5段目の作業記憶が悪いので、より上位の6段目の実行機能が働かないのだから、作業記憶を使わないような工夫をすればいいんだということに、50代になってからようやく気づきました。もっと早く知っていたら、苦しまなくてすんだのにと、とても残念に思いました。

　このような自分がうまくいく条件を知っているかどうかで、ストレスが大きく変わります。みなさんもラスクのモデルの図を見てじっくり考えてみてください。できないと思っていること（私の場合、段取り）が、実は別の要素（私の場合、作業記憶が悪いこと）に邪魔されていただけということを発見できるかもしれません。

　能力が発揮できているときとできないときを比べてみて、あなたにとってのできる条件を見つけ出しましょう。これによって隠れていた能力が見つかり、開花するかもしれません。

　各項目の内容については、68ページの「ラスクのモデルの自己チェック」を参考にしてみてください。

　さらに詳しく知りたい場合は、『自己理解力をアップ！ 自分のよさを引き出す33のワーク』（合同出版、2020）を参照してください。

　なかなか自分一人ではチェックリストをつけることができない場合もありますので、親や先生などあなたのことをよく知っている人にも同じチェックリストをつけてもらい、「自分が思う自分」と「相手が思う自分」にギャップがあるか観察することから自己理解が始まります。

やってみよう

ラスクのモデルの自己チェック

● **覚醒・神経疲労・易疲労性**

- [ ] ぼんやりしていることがある
- [ ] 不安だったり、ピリピリしている
- [ ] ストレスが多く疲れやすい

● **制御・意欲**

- [ ] 気持ちのコントロールが難しい
- [ ] 行動のコントロールが難しい
- [ ] なかなかやる気スイッチが入らない

● **注意力・集中力**

- [ ] 長時間持続することが難しい
- [ ] 切り替えることが難しい
- [ ] そのとき一番大切なものに注意を向けることが難しい
- [ ] 2つ以上のことを同時にやるなど注意の配分が難しい

● **情報処理力・コミュニケーション**

- [ ] 教え方によってはスムーズに学べない
- [ ] 効率の悪いやり方をしている
- [ ] 作業が遅い

● 記憶力

- [ ] 指示されたことを忘れてしまう
- [ ] やるべきことを覚えていられない
- [ ] 同時に複数言われるとすべてを覚えられない

● 実行機能

- [ ] 優先順位が決められない
- [ ] 最後まで実行することが難しい
- [ ] 臨機応変に対応することが難しい

● 論理的思考

- [ ] 将来のことを考えて今決断することが難しい
- [ ] 数学などの論理的な思考が難しい
- [ ] 問題解決は得意な方ではない

● 自己の気づき

- [ ] 自分の長所や短所を正確に知っている
- [ ] 自分がうまくいく条件を知っている
- [ ] 自分の改善点を知っている

メモしておこう

● もっと発揮したい能力は何？

....

● できるときはどんなとき？

....

● できないときはどんなとき？

....

● 能力が発揮できる条件は？

....

　能力が発揮できる条件を見つけられた方、素晴らしいですね。自分でその条件を作れる場合は、ぜひそれを毎回作ってから取り組むようにしましょう。

　自分一人ではできない場合、

❶PCなどをサポートとして使う

❷得意な人と一緒にやる

❸得意な人に頼む

　これらが、その条件になるかもしれません。カバーする方法が見つかれば、さらにあなたの隠れた能力が発揮できるでしょう。

4　脳内物質別やる気スイッチの入れ方

　どの脳内物質がメインで働くかによって、ピラミッドの上位の機能の働き
が変わってきます。ここでは「意欲」が脳内物質の働きでどう変わるか見て
みましょう。

ここで紹介する脳内物質

　あなたは夏休みの宿題を早めにやりますか、それとも休みの終わりに集中
してやりますか？

　あなたはグループワークが好きですか、それとも一人で集中してやる方が
好きですか？

　実はこれらのことは、脳内物質と関係があります。まず、あなたのタイプ
を分析してみましょう。

■あなたのやる気スイッチは何タイプ？

ドーパミンタイプ

- ごほうびがあるとがぜんやる気になる
- ワクワクして楽しいことは継続してできる
- ほめられると繰り返してやりたいと思う

ドーパミン

「楽しさ」や「ごほうび」や「ほめられる」などの報酬を求めて頑張るタイプです。ほめられると達成感が得られ、その行動を繰り返します。特にＡＤＨＤ系の子には、やる気スイッチを入れる方法として大切です。自分の好きなことを主体的に、自分で決定しながら進めていくと意欲が高まり、集中力や記憶力、学習能力が高まり、脳が活性化します。
ドーパミン型のモチベーションは、結果と報酬が得られてから「次も頑張ろう」と意欲が高まります。

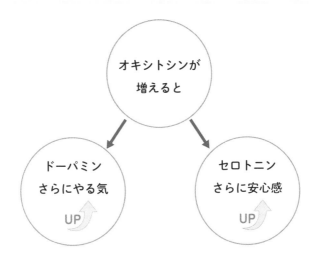

セロトニン

セロトニンタイプ

- 時間に追われない方が集中して勉強できる
- わからないことがほとんどなく不安をあまり感じないとやる気になる
- 失敗して怒られたりしない安全な環境だとやる気が出る

安心安全がベースとなり、チャレンジする意欲が出て頑張るタイプです。セロトニンの量が減ると、うつになると言われています。つまりセロトニンは安心、安全をつかさどるホルモンで、これが十分でないとやる気スイッチが入らず、チャレンジできないのです。特にＡＳＤ系の子は不安が強い傾向がありますので、セロトニンを出す環境作りが大切です。時間的なゆとりがあり、わからないことは教えてもらえるなど心理的に安全だと感じられるとセロトニンの量が増え、脳が活性化します。

オキシトシン

オキシトシンタイプ

- グループで助け合ったりしながら協力する雰囲気があるとやる気になる
- ありがとうと言われるとまたやりたいと思う
- 失敗したときに慰めてもらうと、リラックスできてやる気が出る

共感し合うとオキシトシンが出て、ドーパミンのスイッチが入り、意欲が出て頑張るタイプです。
オキシトシンは人との関わりで主に分泌され、やる気を出すドーパミン

を分泌します。友だちや親と楽しく話をしているとき、共感する人、共感された人のどちらもオキシトシンの分泌が増え、どちらも幸せな感じになり、意欲的になるのです。感謝したりされたりしても同様です。グループで一緒に勉強したり、協力し合ったりしながら勉強することで、オキシトシン量が増え、脳が活性化します。

ノルアドレナリンタイプ

- テスト勉強は一夜漬けの方が集中できる
- 夏休みの宿題は、提出日間近にならないとやる気が起こらない
- 叱られるのが怖くてやりたくなくてもやったりする

「恐怖」や「不快」や「叱られること」などを避けるために頑張るタイプです。「背水の陣」という言葉がありますが、締め切り間近など切羽詰まったときに、注意力・記憶力・覚醒が一時的にアップし、脳が活性化します。ただし、これは危機回避型の反応ですので、とても速効性がある反面、長時間続けることはできません。ですので、短期的にはノルアドレナリン型で頑張り、長期的にはドーパミン型で頑張るのが理想です。

アドレナリン

アドレナリンタイプ

- 試合などで負けているときに闘争心がわき、がぜん気合が入る
- 何か失敗したときに悔しさを感じ、次こそ頑張るという力になる
- 大声で叫んだ後集中できる

ピンチになるほど燃えて、意欲が出て頑張るタイプです。

恐怖や不安を感じるとアドレナリンの量が増え、逃げるか攻撃する準備を体が整えます。スポーツなどで負けているときに逆に闘争心が出て、一時的に脳が活性化します。ただし、ノルアドレナリンと同様、速効性はありますが、長時間続けることは難しいです。

5 適切なストレスが能力を開花させる

　ストレスというと、悪いものというイメージがあるかもしれませんが、実は能力を最大限発揮するためには、適切なストレスがあった方がいいと言われています。

　みなさんも、小学校1年生の算数の授業を集中して聞くのは難しいですよね。それは内容があまりに簡単すぎるからです。逆に、大学の専門的な授業に集中するのも難しいです。これを表すのが、以下のヤーキーズ・ドットソンの図です。つまり、「適切なストレス」が大切だということなのです。

●ストレスとパフォーマンスの関係●

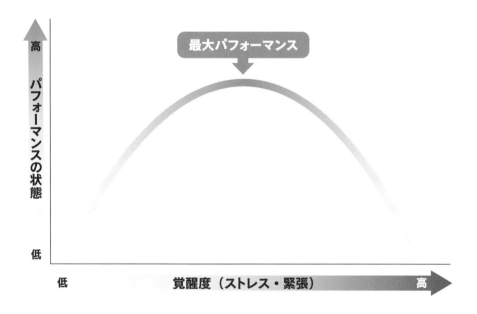

では、「適切なストレス」とはどういうことでしょうか?

● 自分のレベルに合っていること

　自分の今の能力に合っている課題を選ぶということは、何より大切です。内容が簡単すぎても難しすぎてもNGというお話をしましたが、例えば宿題をする時間やワークブックのページ数や問題の数など、時間や量の調整も大切なのです。これは個人差が大きいので、その人に合わせた調整が必要です。びっくりするかもしれませんが、例えばアメリカでは1年遅らせる／早める（飛び級）ことを希望し、OKが出ればできます。

　これは勉強だけでなく、集団行動をするときなどにも同じことがいえます。今のあなたのレベルに合った適度なストレスの状態でトライすることが大切です。

● 自分の興味関心に合っていること

　自分でやりたいと思ったことはやる気スイッチが入り、多少難しいことでもストレスを強く感じずに、継続してやることができます。ですから、自分で選択するということは大切です。アドバイスされたり、指示を出されたからやるというだけでなく、自分なりにやる意味を見出して、トライすると良いでしょう。

　アメリカでは自主性を重んじるので、「こういうことをやりたい」と言って先生と交渉し、宿題や課題を変更することができます。日本でも特別なニーズがあると認められた場合は、合理的配慮や個別最適な学びといって、宿題の内容や量を調節する相談ができるようになりました。

ギフテッドの場合は法的にはそのようなシステムはありませんが、ぜひ保護者と一緒に相談してみましょう。相談の結果、日本のある学校の先生は1時間何でも好きなことをやる家庭学習に宿題を変更してくれました。

● 自分の覚醒スタイルに合っていること

ラスクのモデルでも説明したように、能力を最大限発揮するためにまず大切なことは覚醒していること、つまり脳がいい感じで活性化していることです。ライトの種類や強さが影響するかもしれませんし、あなたが朝型か夜型かでも変わってきます。その他、温度も大きな要因です。おなかがいっぱいになりすぎて眠くなるということを体験したことがあるかもしれません。このようにいろいろな条件を考え、自分はどういう状態のときにしっかり覚醒できるか知っておくといいですね。

ガムを噛んだり、体の一部を動かすことで、覚醒度はアップします。宿題をするときなど工夫してみましょう。もちろん熟睡することは大前提です。

自分に合わない条件で無理して頑張ると、有害なストレスレベル3（58、59ページ）になることもあります。自分に合った条件を見つけることは、適切なストレスレベル2に調整するということなのです。

検証！ 集中できる条件

■時間帯

やる気にならない ◄————————► やる気になる

朝

0　1　2　3　4　5　6　7

昼

0　1　2　3　4　5　6　7

夜

0　1　2　3　4　5　6　7

■場所

家

0　1　2　3　4　5　6　7

図書館

0　1　2　3　4　5　6　7

カフェ

0　1　2　3　4　5　6　7

学校

0　1　2　3　4　5　6　7

■状況

ガムを噛みながら

0　1　2　3　4　5　6　7

ラジオや音楽を流しながら

0　1　2　3　4　5　6　7

体を動かしながら

0　1　2　3　4　5　6　7

● 脳内物質の状態が適切であること

　良い脳内物質、悪い脳内物質というものはありません。次のページからのマンガも参考に、どの物質にはどんな役割があり、どういう状態で活躍してもらうのがいいか、そのためにはどんなことをすればいいかなどについて学んでいきましょう。

■ ドーパミンのはたらき

ドーパミンはやる気や意欲に関わります。何かをして「快」を感じると、またやりたいというモチベーションがわきます。特にサプライズがあると活性化します。報酬を期待してドキドキしているようなときにも働いています。ドーパミンが出ているときは記憶力も高まりますし、注意力も働きます。成長のためになくてはならない物質ですが、依存にもつながる物質です。

「やる気スイッチ」という言葉がよく使われます。マンガのように「できた！」という達成感が味わえたとき、ドーパミンが出てONになるのです。

ドーパミンを出すには次のようなことにトライしてみてください。

・ワクワクすることを目標にする（好奇心が大切）
・できそうだと思える小さいことを目標にする（スモールステップ）
・夢が実現すること、うまくいくことを強くイメージする（自分を信じる）

つまり、「快」を感じる状況を作って、実際にできたときは達成感などの「快」をじっくりと味わうということが大切なのです。宿題など嫌だなと思うことをやるときも、とりあえず1問だけやってみようと思って始めてみましょう。少しでもできたら達成感を味わうことでドーパミンが出て、もっとやりたくなってきます。目標を達成したら自分にごほうびを与え、次の問題にチャレンジしていきましょう。

また、リフレーミング（30ページ参照）によって、嫌だなという気持ちをポジティブな気持ちに変換できるとドーパミンが増え、前向きに取り組めます。嫌々何かをするのではなく、自分の将来のためとか、誰かの役に立つとか、ポジティブなことをイメージして取り組むとスムーズにできるのです。

■ セロトニンのはたらき

セロトニンは他の脳内物質のバランスを取る物質です。セロトニンが不足するとキレやすくなったり、不安やうつになったりします。また、思考などをつかさどる前頭前野の働きも悪くなります。つまり、心の安定や社会生活に欠かせません。セロトニンは太陽の光とともに分泌が開始され、夜には睡眠を促すメラトニンに変わります。

マンガのようにちょっとした体験で不安になり、学校に行きたくないなあと思うことがときどきあるかもしれません。そんなとき、セロトニンによって気分が切り替わり、安心感が出てきます。逆に、セロトニンを増やせないと、次のようなことが起こりやすいと言われています。

・朝の目覚めが悪く、一日中ぼーっとしている
・不安やパニックになったり、ちょっとしたことでキレやすくなる
・低体温症（35度以下）や低血圧症（最高血圧が100以下）になりやすい
・姿勢が悪くなる

うつ病の原因にもなりますので注意しましょう。セロトニンの量を増やすには、次のようなことが有効です。

・朝日をしっかり浴び、朝食をよくかんで食べる
・リズムよく歩いたり、呼吸する（丹田呼吸法）
・ヨガや太極拳、尺八やサックス演奏をする。カラオケもOK

セロトニンが十分あると覚醒し、平常心が整います。自律神経のバランスも整って、姿勢もしっかりします。特に不安になりやすい人は、セロトニンが増えれば安心感が高まり、いろいろチャレンジしたくなりますよ。

■ メラトニンのはたらき

あれ？ 眠れないの？

メラトニン

うん……目が覚めて
スマホを見てたら
ますます眠れなく
なっちゃった……

それはつらいね〜

ぐっすり眠るには
僕が必要なんだけど

君がブルーライトを
見ていると、僕はパワーを
発揮できないんだ

寝る前はテレビやスマホは
見ない方が熟睡できるよ

NG‼

OFF.

寝るときは
別の部屋に置いた方が
いいかもね〜

それと、僕を増やすには
午前中に光を浴びることも大切！
明日やってみて〜

うん！
眠れない悩みが
なくなったら幸せ！

ありがと—

メラトニンは睡眠に関わる物質です。暗くなると分泌され、睡眠の準備をしてくれます。さらに体内の活性酸素（物質を酸化させる力が強い酸素）を除去する抗酸化作用や抗がん作用もあり、アンチエイジングの物質としても注目されています。

あなたはマンガのように、寝たいのに眠れないという体験があるでしょうか？　良い眠りのためにはメラトニンが必要です。メラトニンを増やす行動をすることで、よく眠れるようになるのです。

メラトニンは脳の興奮をしずめ、リラックスさせ、体温を下げることで眠りを誘う作用があります。メラトニンは、セロトニンから作られます。そのため、昼間にセロトニンをしっかり分泌させることが大切なのです。

セロトニンはどのようにして作られるか、覚えていますか？　太陽の光を浴びたり、リズムよく歩いたりすることでしたね。ですから、遮光カーテンの部屋にこもりっぱなしだったり、日中の活動が少ないと、夜メラトニンの量が少なくなり、睡眠障害の原因になります。

また、メラトニンやセロトニンには体内時計を調節する働きもあるため、規則正しい生活をしないとどんどん体内時計が狂ってしまいます。

もう一つ、良い睡眠のために大切なことがあります。それは寝る前にテレビやスマホなどを見ないこと！　ある研究によると、寝る前にタブレットを２時間使うと、メラトニンの分泌が23％も抑えられたそうです。睡眠の質が悪くなると疲れも取れにくく、日中もぼんやりして、学習も定着しません。寝室にはスマホやタブレットを持ち込まないようにしましょう。

■ オキシトシンのはたらき

オキシトシンは愛情や信頼に関わります。マッサージやおしゃべりの他、人に親切にしたりされたとき、共感したときやされたときに分泌され、人と人との絆を作ります。「愛情ホルモン」とも呼ばれ、出産や授乳のときに分泌され、親子の絆ができるのです。しかし、敵だと認識した存在に対しては攻撃するような作用もあり、仲間とそれ以外に対して働き方が異なります。

　人を思いやったり、感謝したり、親切にすると、自分も相手もオキシトシンが出ます。マンガのように失敗したときでもリラックスでき、絆の心地よさを体感することができます。

　オキシトシンは自分の意思によっても分泌できるということがポイントです。つまり、その気になればいつでも幸せな「ほっこりした気分」を味わうことができるということです。例えば一人でいるときも、人から親切にしてもらったときのことや、人と温かいやり取りをしたときのことを思い出してみてください。それだけでオキシトシンが作られます。

　触覚もポイントで、脳に心地よさを感じさせるために肌触りの良い服を着たり、人や動物とのスキンシップや、お気に入りのぬいぐるみや抱き枕をハグするのも有効です。オキシトシンが分泌されると、次のようなことが起こります。

・ストレス中枢を抑制して、ストレスホルモンの産生を抑制する
・人や動物との絆の心地よさを体感でき、気分が良くなる
・セロトニンやドーパミンの産生を促す

■ ノルアドレナリンのはたらき

ノルアドレナリンは緊急事態に働く、逃げるか戦うかをつかさどる物質です。心臓の鼓動が速くなり、心拍数や血圧を上げるなどして身体を緊急事態に対応できるように整え、注意力や集中力、記憶力も上がります。短期的にはぐんと能力を引き出すことができるのですが、その状態が続くと高血圧になったり、うつ病になったりするので注意が必要です。

マンガのポイントは２つです。１つは、時間がないなど切羽詰まったときに頑張れるのは、ノルアドレナリンの効果だということ。もう１つは、ノルアドレナリンを長時間、頻繁に使うことはできないということ。つまり、ノルアドレナリンは栄養ドリンクみたいにとても効果はあるのですが、頻繁に使うとむしろ体や心の害になってしまうので気をつけてくださいね。

ノルアドレナリンには、次のような効果があります。

・心拍数・血圧・血糖値が上昇する
・注意力・集中力・記憶力が高まる
・やる気や意欲が高まる
・痛みの感覚を鈍くし、ストレスへの耐性を強める
・体が興奮状態になり、アドレナリンが分泌される

ノルアドレナリン神経が活発になりすぎると、頭が真っ白になっていわゆる「あがってしまう」状態になったり、リラックスできずストレス状態が続くとノルアドレナリンが出っぱなしになって容量が少なくなってしまい、うつ病になることもあります。

■ アドレナリンのはたらき

アドレナリンもノルアドレナリンとほとんど同じ働きをします。ノルアドレナリンが主に脳に作用するのに対して、アドレナリンは心臓や筋肉に作用します。スポーツ選手が本番前に自分の身体を叩いたり叫んだりしているとき、アドレナリンが分泌されています。一般の人でも、火事場のバカ力を発揮するときや、怒りを爆発させているときなどにも関わっています。

マンガのようにバカにされたと感じたり、カチンときたとき、逃げるか攻撃するかのモードになります。アドレナリンが過剰になると、興奮状態が収まらず、冷静さを失って暴走してしまうことがあります。でもそれは、あなたが乱暴でダメなのではなく、アドレナリンの影響なのです。

アドレナリンをオフにすればリラックスできます。そのために、次のようなことを試してみましょう。

・ゲームなど興奮する娯楽はほどほどにして、ぼーっとする時間を持つ
・お風呂、シャワーは40度未満にし、寝る前に激しい運動をしない
・深呼吸（吐く方を長くする）
・家族や友だちと過ごす

また、ノルアドレナリンやアドレナリンが悪いわけではありません。適度に出れば、身体機能や筋力などを一時的にアップさせたり、集中力や判断力を高めたりと、身体や頭の機能を高めてくれます。ただし、効果は長くても30分続かないと言われています。

適切なときにオンにする、適切でないときはオフにするコントロール能力を身につけましょうね。

■合理的配慮

　合理的配慮を求めることは、ストレスレベル３の有害なストレスを、許容範囲内のストレスレベル２にするための大切な方法です。

　例えば宿題の量が多い、レベルが合わないと感じたら、自分にとって適切な量と質になるように、先生と相談してみましょう。診断名がある人にとっては、宿題を個人に合ったものにするのは、代表的な合理的配慮です。宿題が簡単すぎるときも、よりやる気が出る課題に変える配慮を親と一緒にお願いしてみましょう。

集中力が続かない

・授業の中でここだけは聞いておく、というポイントタイムを予告してもらう
・プリントやタブレットの教材などいろいろな課題を準備し、自分のスタイルに合ったものを選択できるようにする

感覚過敏・鈍麻がある

・イヤな感覚があることをまず伝える
・耳せんやイヤーマフなどを使用する
・けがをしていたら教えてもらう

指示の意味がよくわからない

・どこがわからないかまず相談しましょう
・口頭ではなく文字で見通しを常に見られるもの（予定表、タブレット）を用意する

6　疲れる前に休む

　ストレスは短期間であれば、適度なストレス（レベル１）としてパフォーマンスが高まりますが、それが長期間続くと有害なストレス（レベル３）になってしまいます。ですからポイントは、そうなる前に休憩を取るということです。

　許容可能なストレス（レベル２）であれば、休憩することで回復できます。また、ストレス耐性もできてストレスに徐々に強くなります。能力を最大限発揮できるストレスのレベルや、耐えられる時間は人それぞれ違います。どのくらいまで大丈夫かということを知り、自分に合ったストレスマネジメントの方法を身につけ、自分をいたわるようにしましょう。

　発達障害（の傾向）があると、最後までやりたいというこだわりや、みんなと同じように自分もできるようになりたい、自分の決めた基準までどうしてもやりたいという思いから頑張りすぎ、体の不調やストレス状態に気づかないことがあります。

　ギフテッドの場合も同様で、自分が興味を持っていることや得意なことをやっているときは文字通り、寝食を忘れるくらい熱中しやすくなります。疲れきってしまう前に休憩することが大切です。

　例えば授業中に苦手なグループワークを頑張ったら、休み時間は無理して友だちと話をすることなく、図書室などで一人になって休憩してください。体の変化に気づきにくい人は、定期的に水分補給をしたり、疲れる前に休む工夫をすることが大切です。これは、疲れた脳や体を休めるために重要な休憩するスキルにつながります。

得意なことではなく、苦手なことをやる場合は特に注意しましょう。得意なことをやる30分間と苦手なことをやる30分間では、疲れ方もストレスレベルも変わってきます。

　私はADHDとLDがあったのにこのことがわからなかったため、学生の頃は、漢字や英単語を10個ずつ書く宿題や、興味のない課題図書を読んで感想文を書くことに、とっても疲れました。苦手なことを頑張ってそれなりのレベルまでやろうとすると、普通にできる人よりも疲れやすいのです。

　そのことに気づかず、バッテリーが突然切れてしまう感覚を感じている人は多いのではないでしょうか。そのときに大人から「怠けている」「最後までやらなくてダメな子」「忍耐力がない人」と言われてしまうのは、本当に辛いことです。

　実際は課題が合っていないだけかもしれません。ギフテッドの人にとっても同様で、課題が自分の興味やレベルに合っていないと、かなり疲れます。可能な限り、そのことを親や先生に相談してみると良いでしょう。

　塾の先生やスポーツのコーチ、友達や先輩でもいいですね。人に話すのがどうしても苦手という場合は、あなたのお気に入りのペットやキャラクターに話しかけてもOKです。まずは辛い気持ちを吐き出すだけでも少しリラックスできます。

　講演会などで「学校ではきちんとやっているのに、家ではダラダラしていて困るんです。どうしたらいいでしょう？」と親御さんから質問を受けます。そのような場合、私はこのようにお伝えします。

　「多分お子さんは、学校で苦手なことを必死に頑張って、疲れ果てているのです。クラスメイトとのコミュニケーション、授業中集中すること、字を

書いたり人前で発表すること、運動会の練習など、お子さんなりに苦手なことを一生懸命やったので疲れ果て、家では休憩が必要な状態だと思うのです。親にとっては自然にできると思うことでも、子どもは親が思いもよらないほど頑張って疲れているかもしれないので、休ませてあげてください」

　中には脳機能のバッテリーの容量が少ない人もいて、自分の脳のメカニズムに合わないことをするとバッテリーの消耗が激しく、本人はすごく疲れるけれども結果が出ない状態が続いたりします。

　なかなか周りの人から理解されないことだと思いますが、これを易疲労性、疲れやすい特性と言います。易疲労性が自分にもあるなと思ったら、親や先生、カウンセラー、医師に相談してみてください。それが難しいようなら、「このページに書いてあるのと同じことが自分にも起こっているような気がする」と相談してみてください。

7 学校を休むことも選択肢の一つ

　自分のストレスレベルを最適な状態に調整することが大切ということがわかってきましたね。他にも大切なポイントがありますので、有害なストレスにならないように、ストレスを軽くするための方法を紹介します。

やってみよう

クラスメイトが嫌がらせをしてきた！　どうする？

❶やり返さずにその場を去り、相手と距離をおく

❷言い返したり、手足が出て攻撃的になる

❸話し合いをする

❹誰かに相談してみる

❺何もせず、嫌な気持ちのままでいる

　❺は一番楽な方法に思えますが、あなたが嫌な思いをしていてストレスを抱えているということが誰にもわかりません。あなた一人苦しいけれども我慢して頑張っているという状態が続くと、有害なストレスになります。

　「頑張るのは当然」と思っている人も多いでしょう。でも自分に合わない条件で頑張りすぎることは「過剰適応」といって、大きなストレスがかかり、それが長期間続くとストレスレベル3の有害なストレスになります。それでも休憩することなく頑張り続けると、燃え尽きてしまったり、その反動でイライラして怒りが出てくることもありますので注意しましょう。

「みんなもすごく頑張っている」と思うかもしれませんが、あなたが不得意でとても疲れることを得意としていてそれほど疲れない人もいますし、上手に休憩を取りながら「いい加減」を見つけて、100％完璧を目指さずそれなりに学校生活を送っている人もいます。

　風邪をひいたわけでもないのに胃腸の調子が悪くなったり、食欲がなくなったり、だるくなったりするのは、疲労のサインかもしれません。身体化現象といって、ストレスが体に影響している状態です。

　ストレスレベルを下げるために、体調が悪くなったら学校を休むことも考えましょう。高熱が出たり、大怪我をしたり、手術が必要な盲腸になったりという誰が見てもわかりやすい病気や怪我でなくても、とても辛いと思ったら学校を休んでください。休みたいと自分から言えない場合は、主治医と相談し、「お休みOKチケット」を発行してもらいましょう。

　塾や習い事も、どうしても嫌だと思ったら辞めるという選択肢も考えま

しょう。中学生や高校生になると学校の勉強と部活だけでもかなりハードに
なりますので見直すことが大切です。

　すべてをちゃんとやらなければいけない、でも学校に行きたくないという
ことを誰にも相談できず、頑張り続けて体調を崩してしまった中学生がいま
す。ちょうど女性ホルモンがアンバランスな時期でもあり、ちょっとしたこ
とで涙が止まらなくなってしまうという、本人もびっくりするような状態に
なってしまいました。
　一人でずっと我慢する、頑張り続けるのが難しいと思ったら、それはあな
たが怠けていたりだめな人間ということではないことがほとんどなので、大
人に相談してほしいと思います。自分のことをわかってくれる人と出会うま
で、いろいろな人に相談してみましょう。
　親に心配をかけるから、困ったことがあっても相談しないという人もいま
すが、大人はいろいろな解決方法を知っています。親が心配に思うのは、相

談してくれないことです。問題が大きくなってから相談せざるをえなくなったとき、必ずといっていいほど「何でもっと早く相談してくれなかったの」ということになります。相談できない理由はいろいろあるでしょうが、親に相談しづらいなら、先生でも友だちでもいいので、一人で抱え込まないようにしましょう。話を聞いてもらい、共感してもらうだけでもオキシトシンが出て、あなたのストレスレベルは下がるのです（86、87ページ参照）。

　また、他の選択肢があるということも知っておくといいです。いろいろ頑張ってみたけれども結局不登校になった人がいます。特性をどうしても担任の先生にわかってもらえず辛い日々が続きましたが、母親とも相談し、学校に行かないという選択肢を選ぶことにしました。両親ともに働いていたので、家事を担当し、塾にも行きました。国立大学に無事合格し、地方で暮らすことになりましたが、不登校のときに家事をやっていたので一人暮らしでも困らず、元気に大学に行き無事卒業しました。

　最近では、通信制など学校もいろいろなタイプのものがあります。有害なストレスレベルから身を守るためとか、飛び抜けた能力を高めるとか様々な理由で、自分に合ったタイプの学校を選んでいいのです。私たち一人一人に多様性があるように、学校にも多様性が必要ですね。

1　自分らしくいるために

　あなたは誰かに助けてもらったとき、うれしいな、ありがたいなと思って感謝の気持ちでいっぱいになり、心がほっこりしたことはありませんか？それとは反対に、何かちょっとしたことをお手伝いしたり誰かを助けてあげたときに、相手から感謝されて、気分が上向きになったことはありませんか？

　このように感謝したりされたりすると、オキシトシンが出て、ちょっといい気分になることがあるといわれています。もともと私たちは、助け合うことによって幸せになるというプログラムを遺伝子の中に持っています。とっても素敵なことですね。

　２Ｅでも自分らしく生きている人は、失敗したり困ったとき、ＳＯＳを出して、アドバイスを受け取り、感謝する。そんな習慣を持っている人が多いです。

　そうはいっても、なかなか素直になれないときもありますよね。何か大きな失敗をしてしまい、後悔でいっぱいなときに手を貸そうか？　と言われても、そんなのいらないよ！　と言いたくなるかもしれません。僕なんて助けてもらう価値なんかないと思ったり、友だちに貸しを作るようで嫌だと思ったりするかもしれません。

　でも、助け合いには時間差があってもいいのです。学校生活、家庭生活がそれなりに安定したら、今度はあなたがあなたの得意なことで助けることができたら、助けてもらっているだけでなく、助け合いになるのです。

ですから、一人で頑張らずにＳＯＳを求めてもいい、弱音を吐いてもいいと、まず自分に許可して自分に優しくなりましょう。誰かのサポートで安心安全が確保できたら、あなたの能力は次々と開花していくことでしょう。

　また、誰かの役に立つということは人のためになるだけでなく、自己イメージが高まり、自信もつき、自分の存在意義にもつながります。まずは家族や友人のために、何かやってみましょう。花に水をあげるとか、犬の散歩に行くとか、自然のためにゴミを少なくするとか、ちょっとしたことでもいいのです。

　能力があるにもかかわらず、毎日がつまらない、何かやる気になれないと思っている人も少なからずいて、とても残念に思います。もしかしたらその人は、人との交流が何らかの理由で少なく、人から何か手伝ってもらったり手伝ったりという体験が少なかったのかもしれません。

　将来あなたも何かの仕事に就くと思いますが、どんな仕事でも必ず誰かのためになっているものです。ちょっとした助け合いを今から意識することで、こんなことをすれば友だちや家族は喜んでくれるんだな、こんなことをしてもらえるとうれしいなという経験値がたまっていきます。それが職業を選ぶときにとても大きな財産になるでしょう。

2　ＳＯＳを出そう

　あなたは何か困ったことがあるとき、一人で頑張りますか？　それとも誰かにＳＯＳを出しますか？

　相談したくないという人の理由の中に、怒られるからというのも結構多いです。でも、いつも怒ってばかりいる親でも、何か大きな問題が起こったときには、あなたのことを考えて対応してくれるはずです。もし親は無理と思ったら、担任の先生やスクールカウンセラー、保健室の先生などに相談してみましょう。心の悩みはスクールカウンセラー、体の悩みは保健室の先生が特に得意としているところです。まずは話しやすい先生にＳＯＳを出すといいでしょう。

　特にいじめの問題は心が折れそうになるかと思いますが、必ずサポートしてくれる人がいます。よく親に心配をかけたくないから言わないという人がいますが、子どもなのですから、何歳になっても親に相談していいのです。一人で解決しようとして問題が大きくなる前に、話しやすい人に話してみましょう。

　助けを求めるのが苦手な人や、どうしても相談できないという人には、次の特徴があると言われています。

❶困っている自覚がない

❷自分の力だけでできると思っている（しかし、できない可能性が高い）

❸そもそも誰かに相談していいと思っていない

❹相談したくても相談の方法がわからない（いつ、誰に、どのタイミングで助けを求めたらいいかわからない）

❺相談したくても相談内容をまとめられない、言語化できない

❻一度相談したときに結果が好ましくなかったので相談したくない（否定された、バカにされた、からかわれた、結果がうまくいかなかった、など）

❼ダメな自分を見せたくないので相談しない

❽心配をかけたくないので相談しない

❶～❽は大きく2つのタイプに分けられます。

● **1つめのタイプ** ……困っていたり、相談するべき状況であることを、本人が自覚できないタイプです。上記の❶と❷が該当するでしょう。この場合は、まずは問題に気づいているか確認してみましょう。気づくと自分で助けを求められるかもしれません。

● **2つめのタイプ** ……ＳＯＳを出せないタイプです。❸から❽が該当します。この場合は本人の力だけでなく、性格や環境などいろいろな原因が考えられますので、その原因を見極めることが必要です。

　例えば幼児期にＳＯＳを出しても「我慢しなさい」と言われ続けた経験から我慢するのが当然になり、過剰適応にいたったケースもありました。相談したり助けを求められるようになるためには、まずはどんなことを言っても評価しないでじっくり話を聞いてくれる支援者の存在が必要です。

　その「安全基地」と呼ぶべき相談相手は家庭内だけではなく、いろいろな

ところにいるのが理想です。そんな人いないよ、いらないよと思う人もいるでしょうが、必要なときに助けを求める人の方が、求めない人よりも学校生活を楽しんでいる傾向があるといわれています。勇気を持って声をかけてみませんか？

　特に診断名のついている人は合理的配慮（92ページ参照）といって、例えば音の感覚過敏がある場合、入試の際に静かな別室で受験ができたり、文字を書くのが苦手な人は音声入力ができたり、いろいろな配慮が受けられる時代になってきました。

　ただ基本は、本人が配慮を希望する必要があります。親や先生がどんなに良い条件を整えようと思っても、自分はみんなと同じようにしたいなどの理由で希望しないと、原則合理的配慮は受けられないのです。

　お願いするときの基本は、以下の言い方です。それほどかしこまったり、形式にこだわる必要はありません。

私は〇〇が苦手です。
そのため、〇〇をしてもらえれば
〇〇ができるようになります。
よろしくお願いします。

例 過集中になりやすいので、
声をかけられても気づかないことがあります。
また、口で言われると忘れたりするので、
できれば名前を呼んでから声かけしてもらったり、
メールで連絡してもらうと
指示の内容を理解できるようになります。
よろしくお願いします。

　助けてもらったら心から感謝して、あなたが得意なことで手伝ってくれた人に恩返しができれば、ギブアンドテイクになりますね。具合が悪いときはずっとサポートしてもらうことが続くかもしれませんが、焦る必要はありません。元気になったら、手伝ってくれた人でなくてもいいので、誰かのために何かやってみればいいのです。助け合いの和が広がる社会を作りたいですね。

3　効果的なアドバイスの受け取り方

　親や先生、ときには友だちから「それやらない方がいいよ」とか「こういう風にやった方がいいよ」とか、アドバイスを受けることがあるでしょう。あなたはそのとき、どんな気持ちがしますか?

　自分の方法が良いと信じているときは、カチンとくるかもしれません。特に、「何でそんなことやってるの、だめな子ね。こうした方がいいに決まってるじゃない。こうしなさい」といった言い方のアドバイスは、うるさいなあとうざったく感じたり、自分自身を否定されたと感じて、怒りがわいてくるのは当然のことです。一生懸命何かをやったのに認めてもらえず、後から「こうすればもっと良かったのに」と言われるのも辛いものです。

　そもそもアドバイスとは、どんな素晴らしい内容であっても、今やっていることやそのやり方に対して、それをやめて違うことをしたり別の方法でやるように、ということです。ですから、自分の頑張っている気持ちや、自分で決めてやりたいという思いをわかってもらえないと感じやすいのです。

　自分を否定されたと感じると、アドレナリンが暴走します。そして攻撃的になったり、そこから逃げるスイッチを入れることになります。

　それでも、アドバイスしてくれてうれしいと感じたこともありませんか?

　心配してくれていることがわかり、気持ちがほっこりするようなときには、セロトニンやオキシトシンなど、心が安定する物質があなたの体に増えて、さらに心や体がリラックスできるようになります。

　大切なことは、アドバイスをしてくれる人は多くの場合、あなたのためを

思って言ってくれているということです。また、自分では気づかなかった視点に気づくことができる場合もあるでしょうから、まずはアドバイスをしてくれたことをありがたく受け取るようにしましょう。その上で、「このアドバイスは本当に“私にとって”うまくいく方法なのだろうか」と、その内容をよく検討するようにしましょう。

アドバイスをされるとその通りにやらないといけないと思う人もいますが、そんなことはありません。すべてのアドバイスがあなたに合うわけではありませんので、アドバイスの内容を鵜呑みにしないということも大切です。

合わない方法をずっと繰り返すと負荷がかかり、ストレス状態になります。自分に合わないのに、頑張って続ける状態を「過剰適応」といい、朝起きられないとか、じんましんが出るとか、ストレス反応が体に出ることがあります。

アドバイスに従った方がうまくいくのか、自分で考えたやり方でやった方がうまくいくのか、結局はやってみないとわかりません。

大切なのは、アドバイスを受け取り、しっかり内容を検討して、最後は自分で試行錯誤しながら自分に合った方法を見つけていく（アドバイスをそのための材料にする）ということです。

アドバイスをもらったときの理想のステップを整理しましょう。

① アドバイスしてくれたこと
をありがたく受け取る

▼

② アドバイスされた内容を
よく検討する

▼

③ いいと思ったらトライして
もいいし、自分のやりたい
方法がいいと思ったらそれ
をやる

▼

④ どんな結果が出たか
振り返る

▼

⑤ うまくいった方法は
繰り返す

▼

※アドバイスの通りにやって、良い結果が出たときは相手に感謝する

自分がいいと思う方法と周囲がいいと思う方法が違うときには、具体的に理由を伝え、相手にわかってもらう必要がある場合もあります。

　授業中いすに座っていると、どうしてもうとうとしてしまうＡさんは、担任の先生から「しっかり背筋を伸ばすといい」とよく言われました。でもうまくいかず、思い切って「立って先生の話を聞いていていいですか？　座っているとどうしても寝てしまうからです」と言ってみたそうです。先生はあまりにもとっぴな意見でびっくりしましたが、作業療法士の先生から、座るより立っていた方が覚醒レベルが上がるという話を聞いて、ＯＫしてくれました。

　海外の学校では、通常クラスでも立って授業を聞いたり、バランスボールに乗りながら聞いたりできるところが増えています。覚醒できる条件は人によって違います。

　覚醒をよくする薬もありますが、Ａさんのように工夫することで覚醒を高めることもできます。他にも、静かなところでは寝てしまいそうになるので、少し騒がしい場所で勉強するなど、環境を変えることで覚醒できるかもしれません。あなたに合った方法を工夫してみましょう。

4 失敗から学ぶために大切なこと

　あなたも失敗することがあるでしょう。大人でもいろいろな失敗をします。
でも実は、失敗したときこそ、あなたの才能の見つけどきなのです。

　「失敗は成功のもと」という言葉がありますが、これは本当のことなのです。
なぜなら、失敗することで次に工夫するための情報を得られるからです。

 失敗したときあなたはどう思う？

　失敗したとき、すぐ頭に浮かぶ言葉はどんな言葉ですか？

　以下のAタイプ、Bタイプ、Cタイプの中から選んでみましょう。

自分は何て
だめなんだろう

Aタイプ

これはもう
私にはできないから
やらない

またどうせ失敗する。
傷つきたくないから
やらない

自信がなくなった。
これは苦手なんだ

失敗したとき、自分を責めたり、誰か他の人のせいにしていませんか？
そうだとしたら、とてももったいないことです。才能を見つけ、引き出す
せっかくのチャンスを見逃してしまっているのですから。

　どうしようと不安になったり、「僕ってダメだな」と自分を否定するモード
に入ると、良い方法が浮かばない脳になってしまいます。また、〇〇が××
してくれなかったからと人のせいにして怒りのスイッチが入るパターンも、
良い方法を考えつく脳にはなりません。まず、自分の脳はどのタイプなのか
を知ることが大切です。

　実際に失敗していつものパターンにはまっていることに気づいたら、深呼
吸をしたり水を飲んだりして心を落ち着けましょう。

　その上で、失敗をするときは、

　・やることの内容がよくわからなかった

　・どうやったらうまくいくか知らなかった

　など、何かうまくいかない理由があるはずですので、「どうして失敗したの
か」その経過や原因をしっかり分析することが大切です。

　そしてうまくいくパターンは繰り返し、失敗した場合はどうやったらうま
くいくか考えてトライしてみましょう。

失敗する	→	誰かのせいにする 自分のせいだと思う 何か条件があったのかも	→	相手に怒る 自尊感情が下がる 理由を分析する

　こうしたトライ＆エラーが、あなたの才能を開花させます。

　失敗するのが嫌だ、怖いという人はあらかじめ失敗することを想定しておくと、失敗してもダメージが少なくなるでしょう。「絶対に成功する」と過剰に期待せず、「失敗はよくあること」くらいに考えておいた方が緊張やストレスも減ります。失敗しないようにすることよりも、失敗した後理由をきちんと振り返り、繰り返さないように対策を立て失敗から回復することの方が何倍も大切なのです。

5 自分の存在と行動を分ける

　すごく叱られたり、大きな失敗をしたとき、誰でも凹んで自分に自信がなくなります。そんなときに大切なのは「存在と行動を分ける」ということです。相手が何かあなたのことでだめと言っているのは、「あなた自身の存在に対して」ではありません。「あなたの行動（ときには考え方）に対して」なんだと受け取ることができると、ダメージが少なくなります。

例1　怒られたとき

「集中しなくちゃだめでしょ」

NG 集中すべきときに集中できないという行動がNG。

OK 集中するためにどうしたらいいかを考えて、行動が変わればOKです。

例2　自分でダメだと思うとき

「ちゃんと片付けられなくて私はダメだなあ」

NG 片付け方がわからない、置く場所が決められない、もとに戻せないなどの行動がNG。

OK うまく片付けるためにどうしたらいいか教えてもらったりして、行動が変わればOKです。

私という
存在はOK

私の
行動がNG

　また、親や先生からいろいろアドバイスされるときにも、自分が否定され
たと感じることはあるでしょう。例えば親から「何でそんなことやってるの、
だめな子ね。こうした方がいいに決まってるからこうしなさい」と言われた
ら、落ち込んだり怒りのスイッチが入ったりしますよね。それはストレス反
応で、ノルアドレナリンが登場し、引っ込むか攻撃するかのモードに入って
しまうからなのです。

　このとき、自分は否定された！　という感情でいっぱいになると、肝心の
「こうした方がいい」というアドバイスの内容は聞こえなくなってしまいま
すよね。

　アドバイスをする親にとっては、間違った方法を指摘して、正しい方法を
教えているだけ。それがあなたのためになると信じきっていることが多いの
ですが、これだとお互いにとってマイナスです。

　そこで、自分という存在を否定されたと感じたり、相手のアドバイスにカ
チンときたときは、怒りのスイッチが入らないように、まずは深呼吸してみ

ましょう。そうするとセロトニンが増え、気持ちを落ち着けることができるようになります。

　初めのうちは、何か言われたとき、瞬時に存在と行動を分けることは難しいですが、例えばメールなどで存在を否定されたと感じるようなメッセージがあったとき、深呼吸をしてもう一度読み返してみましょう。そうすると、違う見え方ができるときがあるでしょう。

　例えば約束の帰宅時間に遅れ、親から「何で早く帰ってこない！　だめじゃない!!」と怒りのメールが届いたとき。これも、あなたという存在がダメと言っているのではなく、約束通りの時間に帰宅しなかったことがＮＧということです。深呼吸して落ち着いてみると、もしかしたら親はあなたが事故にあったのかもしれないと思って心配しているのかなとか、怒りの背景にある思いにも気づくことがあるかもしれません。

　このように、まずメールなど文章で「存在と行動を分ける」練習から始めてみましょう。失敗したときも同じようにやってみるといいです。失敗したときの状況を文章にしてみて、自分のどの「行動」が悪かったのかを確認することで、「自分自身の存在」ではなく「この行動」が悪かったとわかるでしょう。そして、次は同じことを繰り返さないようにすればいいのです。

6　ペアワーク・グループ活動

　通常日本の教育では、平均よりできるものはもうそれ以上勉強しなくてい
い、それより平均より低いものをしっかり勉強しなさいという方針です。こ
れからの時代は特に、これを変える必要があります。

　卒業後仕事をするという視点で考えたとき、オールマイティーにすべてが
平均的にできる人よりは、何か一つでも平均以上にできることがあり、それ
にさらに磨きをかけて仕事に就くことができた方が、本来は良いはずです。

　例えば何かプロジェクトチームを作るとき、いろんなことが平均的にでき
る人たちを集めるより、いろいろと違うことが得意な人を集めてチームを
作った方が創造性や作業の質は高くなるでしょう。特に現在は一人で完結す
る仕事が少なくなってきているといわれています。

　ですから、義務教育のときからペアやチームで課題に取り組む練習が重要
になってきます。得意分野が違う人が集まり、しっかりコミュニケーション
を取って、自分が得意なところは人より多くやって、逆に苦手なところは人
から助けてもらう。このようなトレーニングをすることにより、大人になっ
てから職場でもスムーズに活躍できることでしょう。

　「能力はアンバランスのままでもいい」。このような考え方があってもいい
のです。

　グループより個人でやる方がいい、という人もいるでしょう。それはそれ
で個性です。授業のときは気が進まないけど、訓練だと思ってグループ活動
に参加することをおすすめしますが、休み時間や夏休みなどプライベートで

は、気乗りしなければ、上手に断ってもいいでしょう。

　みなさんの中には、グループで何をしたらいいのかなと思ったり、何もできないと思う人がいるかもしれません。でも、必ず何かあなたにできる役割があるものです。

　英語がよくわからない留学生だった私も留学1年目は特に、グループワークではみんなの会話がよくわからず、完全なお客様状態でした。何もやらなくても、グループワークのまとめをしてくれる人、プレゼンテーションをしてくれる人がいて、私はただ出席しているだけでちょっと惨めな気分で落ち込んでいました。

　でも英語も少しずつわかるようになり、グループのテーマを決めるときのブレインストーミングは得意なことがわかり、徐々に参加できるようになりました。

　また、アメリカの大学院は他の仕事をしながら勉強している社会人学生が多く、みんな忙しかったので、時間のかかる情報収集を私が担当するようになってからは役割分担が明確になって、自分も役に立てていると感じることができました。

　グループの中で、メンバーそれぞれの得意なことが活かせる役割分担が決まり、みんなで決めた目標に向かって一緒に頑張り、うまくいったときはとてもうれしいものです。オキシトシンも増えハッピーになり、さらにみんなでやりたいと思うようになるでしょう。

　自分で役割を見つけるのが難しい場合は、先生や友だちに相談してみましょう。

自分の役割を探してみよう

例）自分の得意なこと ▶ **スマホやPCを扱うこと**

場所	役立つこと
家	みんなのスケジュール管理をしてあげる
学校	苦手な子に教えてあげる／先生のお手伝いをする
地域	おじいちゃんたちにスマホの使い方を教えてあげる
その他	新しい情報をゲットしたり、使えるアプリを探し出してみんなに教える

あなたはどんなことが得意ですか？　例のように考えてみましょう。

自分の得意なこと ▶（　　　　　　　　　　　　　　　　　　　　）

場所	役立つこと
家	
学校	
地域	
その他	

　日本でもスポーツや音楽などは以前からいろいろなギフテッドプログラムがあり、特に東京オリンピックに向けてスポーツの英才教育が実施され、メダルの数として成果もしっかり出ていましたね。他の分野でも東京大学の小学生向けROCKETプログラムの他、東京理科大学では2014年にグローバルサイエンスキャンパスという名で数学、情報、物理、化学、生物の5分野で高校生を対象としたプログラムが実施されました。この大学のプログラムは、レンズーリ博士の才能の3輪理論「①普通より優れた能力②創造性③課題への取り組みと意欲・コミュニケーションの正確さと表現の豊かさ」という考え方が基本となったそうです。才能を持っていても自分の世界に閉じこもらず、人々とコミュニケーションをしっかり取ることにも重点を置いていました。どんなに素晴らしいアイデアも、個人の頭の中にあるだけでは才能と呼べないのです。実際、ギフテッドであってもそれに気がつかず、表現の仕方がわからずに埋もれてしまうこともあります。グループワークなどを通して、自分の意見を表現したり、人の意見をしっかり聞く練習をゆっくりしていきましょう。

7 できないときの6つの解決法

あなたは人より苦手だなあと思うことがあったり、何でこれができないんだろうと思い悩んだりすることはありますか。そんなときはぜひ、その辛さをわかってくれる誰かに話をしてみましょう。そうすると良い解決方法を教えてくれるかもしれません。相談せずにまずは自分で頑張りたいという人は、次の6つの方法を参考に工夫してみてください。

それほど深刻でない問題なら、自分で解決することもできるかもしれません。

①できないところをトレーニングして伸ばす

例 漢字を覚えるために、何回も繰り返し書く

日本の教育では、反復練習が伝統的に重要視されているように思います。何回も何回も繰り返して能力を伸ばす方法ですが、苦手なところの訓練はなかなか短期間に成果が得られず、疲れやすく、継続が難しいという弱点があります。その場合、何か好きなことと関連づけて漢字を覚えるといった工夫をすると良いでしょう。例えば、電車が好きだったら駅名で漢字を覚えるといったことです。

②苦手なところを得意なことで補ったりカバーしたりする

例 忘れ物が多いけれども、得意のコミュニケーション力を活かして友だちに貸してもらうように上手にお願いする（貸してくれた人には心から感謝し、返すのを忘れないようにしましょうね）

他にも、例えば口頭で言われたことを覚えておくのは苦手だけど、しっかりメモを取るのが得意だったら、先生が学校に持ってくる物を説明しているときはメモに取るようにしましょう。

③苦手なところを補助する手段として道具やコンピュータなどを使う

例えばあなたが近眼だとしたら、メガネやコンタクトレンズを使うと思います。それと同じように、何かの道具を使うことでスムーズに学校生活が送れるようになるでしょう。

例1 やめることが苦手なので、タイマーを活用する

例2 文字を書くことが苦手なので、音声入力ソフトを使う

例3 音がうるさいと集中できないので、耳栓を使う

補助手段となるＩＣＴ（54ページ参照）の活用はこれから、合理的配慮（92ページ参照）の主流になってくるでしょう。何か苦手なことがあったとき、一人でできるように道具を使うということは大切なことです。

④繰り返し訓練が必要な場合、頻繁に肯定的な言葉をかけてもらったり行動をほめてもらう

ほめられてうれしいと思うと、ドーパミンが出てまたそれを繰り返そうと思うんでしたね（72ページ参照）。人にほめてもらえるといいのですが、自分で自分のことをほめてもOKです。まずは「頑張ってる、頑張ってる」「すごいぞ、できたじゃないか！」などと自分自身をほめてあげましょう。

■自分で自分をほめるポイント

❶まだできてない部分ではなくできた部分に目を向ける

　　➡ 80％できた、随分頑張った、もう少し

❷できなかった過去と比べる

　　➡ 以前より難しいことができるようになった

❸過去のスピードと比べる

　　➡ 以前と同じ内容でも早くできるようになった

❹結果ではなく頑張ったプロセスに注目する

　　➡ 苦手なことでなかなかやる気が出なかったけどやり続けた

❺人や環境のために何かやったことを思い出す

　　➡ 家の手伝いをしたり、花に水をあげたりした

口に出して言ってみると、達成感をより脳が感じて、繰り返そうという気持ちがわいてきます。このような独り言がとても大切です。

⑤怒りや不安などマイナスの感情をまず取り除く、もしくは小さくすることによって能力が発揮できるようにする

イライラしたり心配なことがあったとき、家族や先生、兄弟や友だちなどに話を聞いてもらったら少し楽になって、気持ちの切り替えができたというような体験はありますか？　もしなかったらトライしてみてください。もし話を聞いてくれる人がいなかったら、嫌な気持ちを書き出すだけでも効果がありますよ。大会の選手に選ばれなかったときや、試合で負けてしまったときなどに活用するといいでしょう。

例1 失敗を繰り返すのではないかという不安な気持ちを、寝る前に親にじっくり聞いてもらい、リラックスした状態で寝るようにする

例2 何かが思い通りにならなくて怒りに満ちているとき、ノートに書き出してみる

⑥環境を調整して、行動を持続しやすいようにする

例1 文章を書くのが苦手な場合、図などを活用してもOKとする

なかなか文章がきちんと書けないという人にオススメなのが、マインドマップというキーワードをつなげるまとめ方です。この方法で授業中などまとめていいか、先生に相談してみましょう。

例えば自己紹介をする原稿を書くとき、125ページのようなマインドマップを作ってから書くと書きやすい人もいるかもしれません。いろいろなソフ

マインドマップ

❶テーマを決め中央に書く。イラストを描いても良いでしょう

❷テーマに関連することを3個から5個選ぶ

❸❷の言葉に関連する思いつきを書き出していく

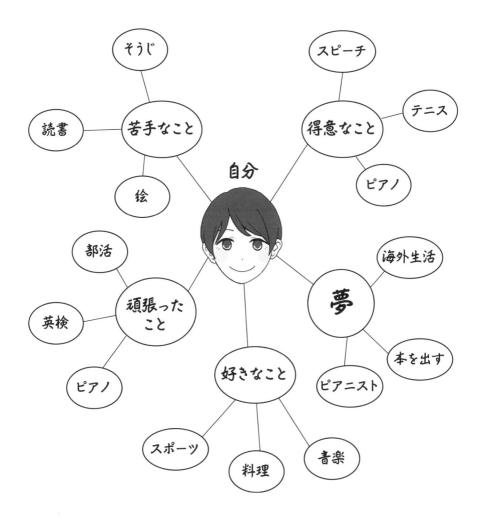

トやアプリ（XMindなど）も出ていますので、検索してみてください。

例2 周囲に刺激が多いと気が散りやすいので、マンガやゲームなどを見えないようにしまっておく

　自分でできそうだなと思うことはありましたか？　人に相談するのではなく、自分で解決したいという思いが強い人もいるでしょう。それはとても素晴らしいことです。ここで紹介した6つをヒントに、いろんな問題解決方法を編み出してみましょう。

　でもときには、自分一人の力ではどうしようもないこともあるでしょう。そのときはぜひ、人に相談してみてください。何かができないと相談することは、決して恥ずかしいことではありません。問題が大きくなる前に相談するという方法も、立派な問題解決方法です。

　一人でずっと悩みを抱えていると、ノルアドレナリンやアドレナリンが出っぱなしになって、あなたの体を傷つけてしまいます。体だけではなく、自分に自信がなくなったりやる気がなくなったり、心も傷ついてしまうことがあるので、自分を大切にしてくださいね。

8　ギフトを伸ばす工夫

　日本の公立学校ではギフテッド教育が一般的ではないので、ギフトの部分を自分で伸ばす工夫が必要になります。特に家族に協力してもらい、サポートしてもらいましょう。具体的には以下のような方法を考えてみましょう。

1　目標となる人、やりたいことを具体的に見つける

　年齢や学年に関係なく、学校以外で自分が好きで得意な分野に関することを学べる機会はたくさんあります。まずはインターネットで自分の興味のある分野のことを調べてみましょう。音楽会やスポーツ大会、博物館、美術館、図書館、高校の文化祭、高専や大学のオープンキャンパスなどに行って、世界が広がることもあります。親に相談して、さらに能力を育ててくれる場所を一緒に探すのも良いでしょう。

2　世界に目を向ける

　日本だけでなく、世界に目を向けるためにも英語がわかるようになると、視野がぐんと広がります。英語が使えるようになると、様々な海外のギフテッドのプログラムを活用することもできます。特別なギフテッド用のプログラムでなくても、自分の得意な分野や興味のある分野に関して、海外の人と一緒に活動ができたり話ができたりするだけでも視野が広がるはずです。語学が得意な人はトライすると良いでしょう。最近ではサッカー留学などもありますね。

3 自分の好きなこと、得意なことに没頭する

夏休みはまたとない機会です。自由研究など自分のやりたいことのレベルをさらにあげるために、ネットの情報を活用したり、親や先生に相談してみましょう。英語ができれば情報源が多くなり、海外のサマーキャンプなどに参加することもできます。

4 通信教育の高校課程を選ぶ

フィギュアスケートで有名な紀平梨花さんは、フィギュアスケートの練習時間を確保するためにあえて通信制の高校を選んだそうです。芸術系や工業系、スポーツ推薦など、あなたの能力を発揮できる場所を探してトライしてみましょう。

5 才能を見つけてくれる人との出会いを大切にする

芸術、理科や科学の分野で賞などを取って、特別推薦で高校や高専に入ったりする人も増えてきました。あなたの周りには、こんなことができるなんてすごいねと能力を見つけてくれる人、伸ばしてくれる人はいますか？　もしそんな人がいたら、とても素晴らしい財産です。今はいなかったとしても、いろいろな人との出会いを大切にしているうちに現れるかもしれません。そのためにも感謝や助け合いの気持ちが大切になります。

日本とアメリカの教育の違い

　私はアメリカの大学院で初めて、自分が２Ｅかもしれないと気づきました。障害はＡＤＨＤ＆ＬＤで、才能は日本の義務教育では重要視されないけれどアメリカでは評価されるクリエイティビティ（創造性）でした。

　創造力を伸ばすのはアメリカの教育の基本で、教師になるための必修科目である教育概論では「授業では生徒たちのクリエイティビティを育むために、教師は（なるべく）見本を示さないようにすべき」と学びます。

　モデル授業をやったときに見本や正解を提示すると、指導教官から「生徒が自分で考え、選択し、新しいものを創るチャンスを逃すことになる」と注意されました。生徒に創造力を身に付けさせる教育方針が徹底していることを痛感しました。

　アメリカの大学院にはライティングセンターというところがあり、レポートを提出する前にスペルや内容をチェックしてくれます。私は留学生だったこともあり、最初のレポートはもとの文章が見えないほど赤で修正が入りました。

　しかし、「内容が素晴らしい！　あなたの発想は斬新で、他の人が思いつかない素晴らしいアイデアが入っている。また読みたいから持ってきてね」とほめられました。（こんなに赤字が入っているのに？）と内心驚きましたが、後に私のクリエイティビティを引き出してくれるための言葉なのだと気づきました。

‡‡‡

　この大学が私に対して行った２Ｅ的教育は、

①レポートの英語力は規格外に低いので、修正をサポートする。

②クリエイティビティは規格外に高いので、さらに伸びるように肯定的
　なコメントをする。先生の指示と異なるレベルの高い専門的内容のレ
　ポートやプレゼンを高く評価する。

というものでした。

‡‡‡

　もともと移民の多いアメリカでは、英語力とその他の能力は別のもの
であるという考え方が根本にあります。つまり英語力の低さがその人の
本当の能力を隠していることがある、という基本認識なのです。そのた
め、すべての教育で英語力をサポートする仕組みが充実しています。

　日本でも同様に、何かの能力が弱くて、本来持っている才能が発揮で
きていないかもしれないという視点が広まれば、才能が引き出される人
たちが増えるのではないかと考えています。

　先生の指示通りにやりたくないと思ったときが、もしかしたら才能の
芽が出るときたのかもしれません。

9 自己イメージのでき方

　みなさんは、自分に対してどのようなイメージを持っていますか？　まず、
以下の　　　　　に思い浮かんだことを10個書いてみてください。

私は　　　　　　　　　　　　です。　　私は　　　　　　　　　　　　です。

私は　　　　　　　　　　　　です。　　私は　　　　　　　　　　　　です。

私は　　　　　　　　　　　　です。　　私は　　　　　　　　　　　　です。

私は　　　　　　　　　　　　です。　　私は　　　　　　　　　　　　です。

私は　　　　　　　　　　　　です。　　私は　　　　　　　　　　　　です。

あなたの書き出した「自己イメージ」について、考えてみましょう。

● **自己イメージがプラスかマイナスか**

に書いた内容は、プラスの意味合いが強いですか？ それともマイナスの意味合いが強いですか？ そのどちらでもなく、ニュートラルということもあるでしょう。

● **どんな種類のことを書いたか**

・自分は何が得意か、苦手か ・何が好きか、嫌いか

・どんな性格か、見た目か ・人からどう評価されているか

など、いろいろあると思います。ポイントは、自己イメージは「イメージ」であること、つまりそれは「事実」とは限らないということです。

イメージは、「インパクト」と「繰り返し」でできると言われています。例えば、多くの人が見ている前で失敗してとても恥ずかしかったことなどが、インパクトの強い失敗体験にあたります。

また、親や先生、友だちに、「君は〇〇が下手だね」などと毎日のように言われていると、自信がなくなってしまいますよね。これが繰り返しによる効果です。このようにして、マイナスのイメージを持ってしまうのです。

プラスの自己イメージはどうでしょうか。これも、やはりインパクトと繰り返しでできています。インパクトの強い成功体験は、一度すごく高く評価されて、うれしい！ と感じた体験で、繰り返しによる成功体験は、繰り返し、こまめにほめられるといった体験です。

お笑い芸人の矢部太郎さんと対談したことがあります。矢部さんはマンガを描いているのですが、ご自身は絵は上手ではないと言っていました。でも絵を描くことは好きで、それは芸術家のお父様から絵に関して否定的なことを言われたことがなく、いつも肯定的に受け入れてくれたからだとおっしゃっていました。このように、周囲の言葉がけによって「上手じゃないけれども、好き」という自己イメージが持てるということがわかります。

　アンバランスが大きくて、すごく得意なことと、すごく苦手なことのギャップが激しい人もいるでしょう。その場合、本人や周囲の人が、得意なところをクローズアップするか、苦手なところをクローズアップするかによって、自己イメージがプラスになるか、マイナスになるか変わってきます。

　アメリカ人にこのワークをしてもらうと、多くの人がプラスのイメージの内容を書きます。これはほめる文化が定着していて、子どもの頃から周りのいろいろな人に繰り返しほめられているからだと考えられます。

　一方、日本人のある大学生は「私はバカです」と書きました。滑り止めの大学にしか合格できなかったことを、周りからあれこれ言われていたそうです。このように、どのような環境なのかによっても、繰り返しとインパクトの内容は変わってきて、自己イメージや自己評価に影響するのです。

　今、あなたの自己イメージがマイナスのものが多くても大丈夫です。あくまでも「イメージ」だということを学びましたので、あなたが持ちたい自己イメージに少しずつ変えていくことができるのです。

10 コンプレックスのとらえ方

　あなたには「コンプレックス（劣等感）」があるでしょうか？　自分のここ
が嫌いだとか、みんなと違う部分があってそれがすごく嫌と思うときに感じ
るものです。

　私は自分の声が大嫌いでした。女の子にしては低くて大きな声だったので、
アニメのキャラクターのようなかわいい女の子の声にずっと憧れていました。
高校は女子校だったので余計にかわいらしい声の人をうらやましく思い最悪
な気分で過ごしました。大人になってからラジオ番組の出演の話があったと
きも、自分の声だけ流すなんて絶対嫌と思って断っていた時期があります。

　ＮＨＫの番組審議委員に選ばれたとき、ある委員の方に「あなたの声は講
演会向きで素晴らしい。すでに低めで聞きやすい声だから、ボイストレーニ
ングをする必要がないわね」と言われました。最初はとても受け入れられま
せんでしたが、その人のほめ方がとても具体的で説得力があったので、「そう
いう考え方もあるかもしれない」と思い始めました。

　また、対談などの仕事や取材を受けたときに、テープ起こしをするライ
ターさんから「声が大きくて滑舌がいいから、テープ起こしがしやすい」
と言われ、びっくりしました。そうしてコンプレックスだった自分の声を、
徐々に受け入れられるようになりました。

　高校の音楽の時間は音感も悪かったこともあり苦痛でたまりませんでした
が、あのときの自分にこう言ってあげたいです。「女子校のコーラスのとき
はみんなと違って辛いかもしれないけど、将来この声だからこそ役に立つこ

とが見つかるよ」と。

　もしかしたら、同じようにあなたのコンプレックスのもとになっているものが、一つの能力として活用できることもあるかもしれません。感覚がデリケートな人は特にその可能性が高く、音やにおい、味に敏感で、一般の人がわからない違いを認識する力を持っているかもしれません。また、嫌な感覚を減らしたいと思うために研究意欲が高まり、最高に肌触りの良い布の開発などに、やる気スイッチが人一倍入るかもしれません。

　「人と違うから」という理由でコンプレックスを抱くのは、特にもったいないことです。違うということは同じでないこと、つまり"different"なだけで、"wrong"ではないのです。本当の自分を好きになるためにも、コンプレックスとうまく付き合ってみましょう。不完全な自分を好きになれたら、自己肯定感がアップし、あなたの生活はびっくりするほど変わるでしょう。

　そしてみなさんの中で、私のようにコンプレックスがあっても、それが逆にユニークだったり強みに変わったという体験があったら、一人でも多くの後輩に伝えてあげましょう。同じようなことで苦しんでいる人の役に立つかも知れませんね。86ページのマンガのように、同じような失敗体験のある人、悩みがある人に対して自然と優しい言葉をかけられることもあるでしょう。それだけでも素敵ですね。失敗体験や悩みがある人の逆転ストーリーは、テレビなどでもよく紹介されますが、それによって勇気づけられる人がいたら、人のためになっているということを実感できるでしょう。

　コンプレックスを持っていない人はいないと思います。でも、以前持っていたコンプレックスを考え方を変えて長所にしたり、実際にプラスに使えている人もいるということを忘れないでくださいね。

次のような方法を試してみましょう。

① リフレーミングをしてみましょう（30ページ）
② 24の強みに関連する才能かもしれません
③ 人と違うからこそ新しいことができる、新しい発見があると思いましょう
④ 不完全な自分を好きになりましょう（不完全だからこそ周りからサポートしてもらう機会が多く、感謝するきっかけも多くなります）
⑤ あなたがダメだと思っている（その点について謙虚な姿勢でいる）からこそ、相手が安心するという側面があります
⑥ 同じような悩みを持っている人に優しく接することができます
⑦ ダメだと思うからこそ、克服するために努力する強い動機づけになることがあります
⑧ もしコンプレックスを克服することができたら、その体験談を話すことによって人の役に立つことができます
⑨ 誰かに打ち明けてみましょう
⑩ 人の好みは十人十色です。別の人は、あなたのその要素が好きだと感じるかもしれません

11　自分研究

　この本を読んで、みなさんは自分のことが以前よりいろいろとわかったことと思います。

　パート1では、得意なことと苦手なことが両方ある2Eタイプの人の場合、そのどちらか（発達障害か、才能か）しかわからない場合と、それらが隠し合っている場合があるということを学びました。何となく、自分ではもっといろいろできるはずなのにできてないという不全感の理由がわかった人もいるかもしれません。パート2では、いろいろな知能や強みについて紹介し、あなたが気づかなかった才能を見つける方法を提案しました。パート3では、能力が発揮できない原因を探す方法として、ラスクのモデルと脳内物質を紹介しました。適度なストレスにする、ということが大切でしたね。パート4では、アンバランスがある人が失敗したり、凹んだりしたときに回復する方法を具体的に説明しました。

　これらの新しい見方で、あなた自身についてもっと理解を深めていきましょう。次ページのオールアバウトミーのカードに書き出すことで、きっといろいろな自分を発見することができるでしょう。あまりよくわからないなと思えば、誰かと一緒に作ってもOKです。もっとたくさん書きたいと思ったら、このカードを拡大コピーして書き込んでください。苦手なことも、得意なことも、やる気スイッチも、ストレスからの回復も、人によって違います。これを多様性といいます。違っていることは間違っていることではなく、「同じでないだけ」です。自分とは何か、自分研究をスタートしましょう。

オールアバウトミーのカードを作ろう

次のような項目で、自分について書き出してみます。

All About Me

①自分の好きなこと嫌いなこと | 自分の写真や似顔絵

②大切にしているもの

③学習スタイル（29ページ）

④8つの知能（44ページ）、24の強み（46ページ）、リフレーミングして
　見つけた強み（30ページ）

⑤ラスクのモデルのチェックでわかったこと（68ページ）

⑥脳内物質別・あなたのやる気は何タイプ？（72ページ）

⑦今まで一番頑張ったこと楽しかったこと

⑧今まで失敗したけどくじけず、その結果が良かったこと

⑨将来やりたいこと

⑩その他

■未来の自分に向けて今やりたいこと

この本を読んで、みなさんはいろんな感想を持ったと思います。そして、これをやってみたいと思うこともいろいろ浮かんだのではないでしょうか。このページをコピーして、やってみたいことを書いてみましょう。

箇条書きにしてもいいですし、125ページのようにマインドマップ方式でもいいですし、イラストを入れたり、絵だけでもＯＫです。できたら毎日見るところにはっておきましょう。なりたい自分になるために、DO YOUR BEST！

多様な子どもたちの個性と思いに寄り添う方へ

　私は日本の学校の教育と相性が悪く、小学生の頃から自分の能力が発揮できないと感じていました。その後、理想の教育を提供したいと思い、自分で塾を経営したこともあります。そこで気づいたのは、「子どもは面白い、楽しいと感じたら、どんな難しい内容でも自ら勉強する」ということでした。

　それから教育に興味を持ち、アメリカの大学院で教育学を学びました。そこで自分がＡＤＨＤを持っていることもわかり、ＡＤＨＤを研究するにつれ、自分というものがよくわかってきました。

　私たちはあまりにも「みんな同じに」ということにこだわりすぎ、それがストレスになり、子どもたちの生きにくさの原因を作っているように思います。その一つの要素が「教育の平等」の定義だと思います。日本の教育はみんなが同じやり方で、同じ量の課題を与えられることが平等、そして科目ごとの結果もバランスよくあるべきという考え方です。こうなってくると、日本の教育の規格から外れている、２Ｅの特性を持っている人たちは「普通」を目指し、傷つかないために普通のふりをするという目標を立て、長期間ストレスのシャワーを浴びることになります。

　発達障害のある人やギフテッドの子どもがうまくいく条件は周りの人が「その子の好奇心を大切に、その子に合った教え方をし、その子のレベルに合った課題を提供すること」ではないでしょうか。そしてその環境を与える

ことができるかどうかは、家庭（親）、学校（先生）、社会（文化）が決める価値基準なのです。

　一方、その人の能力に合った課題を与えることが教育の平等と考える国もあります。例えばアメリカのギフテッドの定義にはクリエイティビティが入っています。そのような場では「ひらめき」というＡＤＨＤの障害特性がプラスに働きます。そのアイデアを実行に移したとき、「指示された通りにやらない」と叱る先生と、「素晴らしい発想だ」とほめてくれる先生がいるのです。日本ではどちらの先生が多いでしょうか？

　才能は、見つけてくれる人と、それを育ててくれる人がいて、初めて才能となるとも言えます。これも環境、人との相性の化学変化の結果です。
生きづらさをかかえても相談できない子が、一人でも多くこの本の中に自分を見つけ、「これと同じで苦しい」と話をするきっかけになることを心から願っています。その子が診察室や相談室にいって、何か困ってることある？と聞かれて説明できないとき、この本を活用してほしいと思います。

　そして、不完全な自分を好きになり、ありのままの自分を大切にできる社会をみんなで作っていきたいものです。この本を書いている途中でアイデアが膨らみ、あと２冊作ることが決定しました。この本で不十分なギフテッドの支援については次作に回しました。

　この本は、私の苦手な、アイデアの取捨選択と編集作業、そして何回もアイデアが出てきては変わる原稿の再調整をしてくれた、齊藤暁子さんの存在なしには完成しませんでした。他にも私が超不得意なイラスト、デザイン、校正担当の方など……この本に携わったすべての方々に感謝します。

　2021年11月　　　　　　　　　　　　　　　　　　　　　　　高山恵子

参考文献

『やる気スイッチをON！ 実行機能をアップする37のワーク』高山恵子、合同出版、2019

『自己理解力をアップ！ 自分のよさを引き出す33のワーク：見えない長所やストレスを知ろう』高山恵子、合同出版、2020

『ありのままの自分で人生を変える：挫折を生かす心理学』高山恵子、平田信也、本の種出版、2017

『ADHDのサバイバルストーリー 本人の想い編：おっちょこちょいにつけるクスリ〈2〉』高山恵子、えじそんくらぶ、ぶどう社、2012

『ニューロダイバーシティと発達障害：〈天才はなぜ生まれるか〉再考』正高信男、北大路書房、2019

『才能の見つけ方 天才の育て方：アメリカギフテッド教育最先端に学ぶ』石角友愛、文藝春秋、2016

『天才と発達障害』岩波明、文藝春秋、2019

『イラスト版 子どものためのポジティブ心理学：自分らしさを見つけやる気を引き出す51のワーク』足立啓美、岐部智恵子、鈴木水季、緩利誠、日本ポジティブ教育協会、合同出版、2017

『あなたを変える睡眠力』坪田聡、宝島社、2013

『脳を最適化すれば能力は2倍になる：仕事の精度と速度を脳科学的にあげる方法』樺沢紫苑、文響社、2016

『脳内物質仕事術』樺沢紫苑、マガジンハウス、2010

『自律神経を整えてストレスをなくす オキシトシン健康法』高橋徳、アスコム、2016

『自律神経をリセットする太陽の浴び方：幸せホルモン、セロトニンと日光浴で健康に』有田秀穂、山と渓谷社、2018

『特別支援教育に力を発揮する神経心理学入門』坂爪一幸、学研プラス、2011

「アメリカの2E教育の新たな枠組 ─ 隠された才能・障害ニーズの識別と支援 ─」松村暢隆、關西大學文學論集第66巻第3号、2016

「発達多様性に応じるアメリカの2E教育：ギフテッド（才能児）の発達障害と超活動性」松村暢隆、關西大學文學論集第68巻第3号、2018

「学校・家庭でのギフティッド児の誤診予防と適切な理解・支援のために ─ 日本語版ギフティッド-アスペルガー症候群, ギフティッド-ADD／ADHD チェックリスト ─」角谷詩織、上越教育大学研究紀要第39巻第2号、2020

「援助要請の認知行動的特徴, 自尊感情と精神的健康の関連」本田真大、学校臨床心理学研究：北海道教育大学大学院教育学研究科学校臨床心理学専攻研究紀要第16号、2019

Janos, P. M., Fung, H. C., & Robinson, N. M.(1985). Self-Concept, Self-Esteem, and Peer Relations Among Gifted Children Who Feel "Different". Gifted Child Quarterly, 29(2)

Baum, S. M. & Owen, S. V. (2004) To be gifted & learning disabled: Strategies for helping bright students with LD, ADHD, and more. Mansfield Center, CT: Creative Learning Press.

Howard Gardner's Theory of Multiple Intelligences
https://www.autismempowerment.org/wp-content/uploads/2013/12/Howard-Gardner-Theory-of-Multiple-Intelligences.pdf

参考動画

読み書きとICT活用の事例（氏間研究室）
https://www.youtube.com/watch?v=TZW5YvMBhuk

■著者紹介

高山恵子（たかやま・けいこ）

NPO法人えじそんくらぶ代表、ハーティック研究所所長。

昭和大学薬学部兼任講師、特別支援教育士スーパーヴァイザー。

昭和大学薬学部卒業後、約10年間学習塾を経営。

1997年、アメリカ・トリニティ大学大学院教育学修士課程修了（幼児・児童教育、特殊教育専攻）。

1998年、同大学院ガイダンスカウンセリング修士課程修了。ADHD等高機能発達障害のある人のカウンセリングと教育を中心にストレスマネジメント講座などにも力を入れている。主な著書に、『ライブ講義高山恵子I 特性とともに幸せに生きる』（岩崎学術出版社、2018）、『イライラしない、怒らない ADHDの人のためのアンガーマネジメント』（講談社、2016）、『やる気スイッチを ON！ 実行機能をアップする37のワーク』（合同出版、2019）『自己理解力をアップ！ 自分のよさを引き出す33のワーク』（合同出版、2020）などがある。

■イラスト　望月志乃
■組　　版　GALLAP
■装　　幀　後藤葉子（森デザイン室）

２E

得意なこと苦手なことが極端なきみへ
発達障害・その才能の見つけ方、活かし方

2021 年 12 月 20 日　第 1 刷発行
2022 年 11 月 25 日　第 2 刷発行

著　　者　　高山恵子

発行者　　坂上美樹

発行所　　合同出版株式会社
　　　　　東京都小金井市関野町 1- 6 -10
　　　　　郵便番号　184-0001
　　　　　電話 042（401）2930
　　　　　振替 00180-9-65422
　　　　　ホームページ https://www.godo-shuppan.co.jp/

印刷・製本　株式会社シナノ

■刊行図書リストを無料進呈いたします。
■落丁・乱丁の際はお取り換えいたします。

ISBN 978-4-7726-1483-2　NDC 370　210 × 148
© Takayama Keiko, 2021